管子四篇诠释

——稷下道家代表作解析

陈鼓应　著

商務印書館
创于1897 The Commercial Press
2020年·北京

图书在版编目(CIP)数据

管子四篇诠释：稷下道家代表作解析 / 陈鼓应著.
—北京：商务印书馆，2006(2020.4 重印)
(道典诠释书系)
ISBN 978 - 7 - 100 - 04515 - 5

Ⅰ. ①管… Ⅱ. ①陈… Ⅲ. ①稷下学派—道家—研究 ②管子—注释 ③管子—译文 Ⅳ. ①B223.05 ②B226.1

中国版本图书馆 CIP 数据核字 (2005) 第 057442 号

管子四篇诠释
——稷下道家代表作解析
陈鼓应 著

商务印书馆出版
(北京王府井大街 36 号 邮政编码 100710)
商务印书馆发行
北京艺辉伊航图文有限公司印刷
ISBN 978 - 7 - 100 - 04515 - 5

2006 年 4 月第 1 版 开本 880×1230 1/32
2020 年 4 月北京第 5 次印刷 印张 10¼

定价：28.00 元

目　录

第二部分 《管子》四篇注译与诠释

第三部分 〈形势〉〈宙合〉〈枢言〉〈水地〉四篇解释

序　言

1991 年我在北京大学哲学研究所讲稷下道家，这是我头一回开这课，在国内的大学里也可能是首次设这课程。翌年我又在北大讲马王堆出土的帛书《黄帝四经》，之后我将黄老帛书有关论文和译注整理出版(《黄帝四经今注今译》，1995 年由台湾商务印书馆出版)，原本计划将稷下道家代表作整理成书，但由于我的研究课题转到易学上，这项计划遂搁置多年。我在北大讲授稷下道家时，以《管子》四篇(〈内业〉、〈心术上〉、〈心术下〉、〈白心〉)为教材，并辅以〈形势〉、〈宙合〉、〈枢言〉、〈水地〉等篇。1997 年，我自北大回母校台大哲学系任教，近年又曾在台大开过两次黄老道家的课程。如今将两校课程的讲义和课余陆续所发表的论文，汇编成册。

我将《管子》四篇集结成书，仿朱熹之编辑四书。朱熹将《礼记》中的〈大学〉、〈中庸〉两篇抽出，跟《论》、《孟》合凑成册，究其实，儒家四书之间，彼此在思想内容上的整体性与连贯性，并不如《管子》四篇那样一致。无论如何，有了朱子的前例可循，更加深了我将〈内业〉、〈心术〉上下及〈白心〉四篇编撰成书的决心。

先秦道家派别繁多，影响最深远的莫过于春秋末年的老学和战国中后期的庄学及黄老学。我对道家的研究，长期偏重老庄，因着多种原因才扩及到黄老学。早先我在注译《庄子》全书时，就遇到外杂篇中渗透着黄老的观念，但当时我未及留意。稍后认识到稷下道家在百家争鸣中居于主导地位，这段学术史引起我很大的兴趣。而促使我用心在黄老道家的研究，是由于马王堆汉墓一批黄老帛书的问世。我们将帛书《黄帝四经》和保存在《管子》书中的黄老作品两者思想上的内在关系联系起来作观察，便可了解战国黄老思想的端倪，再结合现有的《尹文子》、《慎子》、《鹖冠子》等书，便可把握先秦黄老学的趋势。

事实上，我们只要从《管子》四篇，便可明白司马谈〈论六家要指〉所说的道家，原来就是黄老道家；从《管子》四篇，便可明白作为先秦时代总结的《吕氏春秋》巨著中何以黄老成为其主体思想；从《管子》四篇，也可明白孟子心气一类哲学议题的由来，以及《荀子》、《大学》、《中庸》部分思想的渊源。四篇的心学、气论，实为中国古代思想史不可或缺的一环，而其君道思想，如君上无为臣下有为以及君臣分职而治的观念，成为汉魏政治哲学的主流思想。四篇的重要性可想而知，可惜学界长期忽视稷下道家在思想史上的地位。

稷下学宫的出现而成为百家争鸣的具体场所，它在中国古代思想史上为首见的学界盛事，而稷下道家所形成的黄老之学，则成为战国诸子显学中的显学。黄老之学兴盛于齐国稷下，由稷下道家环渊、彭蒙、田骈、接子、季真、宋钘、尹文、慎到等发扬的黄老思想，迅即扩散到全国各地，在楚地有《鹖冠子》的黄老学，在三晋则影响法家为众所周知，在秦国黄老思潮竟成为《吕氏春秋》学派的主体思想。

黄老学在学术史上影响之广远，我们不能不加以研究。而我个人还有一个特别的缘由投入黄老学的研究，那就是我发现它对《易传》的影响。殷周之际的《易经》本是占筮之书，《周易》的哲学化始于战国《易传》的引道入易，这方面，我已经写了两本小书，有兴趣的读者请参考拙著《易传与道家思想》和《道家易学建构》。

黄老学的研究，在当代学界蓬勃起来，首先我们要感谢山东淄博市《管子学刊》的发行，它对齐学研究起了重要的推动作用；挚友胡家聪、牟钟鉴、熊铁基、吴光、余明光、陈丽桂、白奚等，在先秦黄老学的领域内，都有杰出的专著发表。近年来，我注意到欧美对黄老学的关注与研究，本国年轻学子撰写博士论文的也逐渐多起来，这是研究古代道家的一个可喜的现象。本书的出版期望能对稷下道家的研究提供参考。

陈鼓应于台湾大学哲学系

2002年12月

例　　言

一、《管子》四篇(〈内业〉、〈白心〉、〈心术〉上下)是战国稷下黄老道家的代表作,本书在于阐发稷下黄老派思想而编撰。全书分成三个部分,第二部分《管子》四篇注译与诠释是本书的中心部分。其余两个部分的文章和解释都是围绕着这四篇所做的思想阐发及材料补充。

二、〈内业〉、〈心术〉等四篇及〈形势〉、〈宙合〉诸篇之正文,根据戴望《管子校正》并参校郭沫若《管子集校》。凡通行本中错讹之处详加订正,正文之校改均于注释中一一说明。戴望《管子校正》收入许维遹、杨树达等之说,本书注释为避免繁琐,力求简要,故出处不另作说明,请读者见谅。

三、经文中(　)括号表示所释异体字和通假字。〔　〕括号表示所补字。〈　〉括号表示勘误。字下标·的表示衍字。□表示缺文。另外,明显为衍字的,已据删,不再重出;明显为错字,也已据改,不复出;明确为通假字,出现频率又极高的,则直接出正字。

第一部分

稷下道家研究

稷下学宫与稷下道家

道家思想由老子创立后，进一步有两条思想发展的路线，其一是庄子学派在心灵境界层面对老子思想的承继与发挥；其次则是黄老学派侧重现实社会层面的关注，而将老子的道论结合形名、法术等内容以展现出新的思想面貌。

老学的两条思想发展趋向中，我们不拟就庄子以及庄子后学的思想内涵加以介绍，不过需提及的，庄子后学的思想中，其实亦一定程度上受到黄老之学的影响。这里仅就活动于齐国稷下学宫的稷下道家及其黄老学概况，作一简要介绍①。

壹、黄老思想与稷下道家

黄老思想乃战国道家一系的学术思潮，《史记》曾提及“黄老道德之术”，并且一再提及“黄帝老子之术”、“黄老之言”。《史记》

① 有关稷下学宫之历史及情况，参看胡家聪：〈稷下学宫史勾沉〉，收在《管子新探》，中国社会科学出版社 1995 年版。

书末载司马谈〈论六家要指〉，赞赏黄老道家采各家之长，怀殊途同归的包容气度，并推崇黄老主逸臣劳的君道思想而批评儒家“主倡而臣和，主先而臣随，如此则主劳而臣逸”。司马谈论述道家的治身，主张“神本形具”——即视精神为生命之本而形体为生命之具现。在论述道家的治道时，指出黄老学说有这几项重要特点：一是主道“约”，即君主只需掌握国家重大的政策而委下以能。二是主“时变”，这是说掌握时代的命运，推动社会的变革。三是“以虚无为本，因循为用”，这是从认识论上强调治者行事，要摒除主观成见，以虚心去听从民意，顺从民心。从〈论六家要指〉的短文中，可窥见道家黄老学的基本宗旨。学术界一向认为司马迁屡言黄老乃是其个人的思想偏好，一直到马王堆黄老帛书如《黄帝四经》等相继出土，才重新认识到黄老是一发展于战国并且兴盛于西汉的道家思想流派。

顾名可知，“黄老”乃是黄帝与老子的合称。虽是合称黄帝与老子，然而就理论内容来看，黄帝仅为依托的对象，老子的道论方是黄老之学的理论主轴。至于黄帝所以成为黄老之学依托的对象，一方面源于论说者为增加自己理论观点的说服性，而抬出远古之传说人物以资依托。如《淮南子·修务训》所说：“世俗之人，多尊古而贱今。故为道者，必托之于神农、黄帝而后能入说。”另一方面，黄帝乃为春秋战国时期人们心目中的盛明君王，如《国语·鲁语》言“黄帝能成命百物，以明民共财”。而田齐的统治者更是尊黄帝为自己的远祖，齐威王所铸《陈侯因资敦》铭文即言：

“其唯因资，扬皇考昭统，高祖黄帝，迩嗣桓、文……”

黄老之学虽以老学为理论基础，不过因与其他各家学说的交融而产生新的道家思想风貌。简言之，黄老之学是以老子道论思想为主轴，同时结合齐法家“法”的思想，以及当时盛行的刑名观念而融会出的新道家思潮。这一思潮试图于社会政治层面提出一套君无为而臣有为的治国有效原则。若比较庄子学派来看，庄学少谈君道，而黄老之学却集中于论述君道，可以说所关注的正是班固在《汉书·艺文志》中所说的“君王南面之术”。

如上所言，黄老思想可能在战国初即已开始酝酿，这可溯源至范蠡的思想源头中。至于其起源究竟是在齐地还是楚越，晚近学者仍持有不同意见。至战国中期，黄老思想在齐国的稷下学宫，经由道家学者之著述、讲学与讨论，乃达于极盛。黄老思想所以兴盛于齐稷下，一方面由于春秋末的老子身处首都并拥有史官之地位，且为当时学界之领袖，故其思想至战国时期流传广远，流传于齐国稷下，并结合各家之言而发展出新的思想面貌是必然之事。其中，范蠡晚年入齐，将老学带入齐国或是老学流传于齐国的因素之一；其次，老学言及治身与治国，治身正是离不开治国层面的考虑，《老子》五千言紧扣治道而论，正可具体作为君道层面的指导；再者，老学的无为治道结合齐法家的治国原则，展现出君臣分职、臣劳主逸之具体而明确的治术，正合于齐国统治者的要求。其后随着齐国的衰亡，秦国一统天下，黄老思想亦随着稷下学者之辗转入秦，而转移至秦地，继而体现在吕不韦所召集编纂的《吕氏春秋》一书中。因此黄老思想可谓兴盛于战国稷下，绵延至秦，并进一步延续至汉初的思想潮流。

至于稷下道家，虽可说是黄老之学的代表，然正因黄老之学是指一绵延有时的思想潮流，而稷下道家则是黄老之学在战国时期发展最为兴盛之阶段，因此二者有所分别。

稷下道家是指活动于齐国稷下学宫而宣说黄老之学的道家学者，这里先就稷下学宫作一简介。

贰、稷下学宫简介

春秋战国时期，随着贵族流落民间，使学术思想渐趋普及而造就热烈的学术气氛，加上各国竞争益烈，才智之士争相提出富国强兵之说，令后世景仰的百家争鸣态势业已形成，而这尤其集中展现在齐国稷下学宫的学术活动中。

齐国的稷下学宫究竟是怎样的性质？其何以能具体展现出当时百家争鸣的学术态势？以下分几点叙述：

一、稷下学宫的地理位置

关于齐稷下学宫的位置，有几处文献述及：首先，《太平寰宇记》卷十八引刘向《别录》言及“齐有稷门，齐之城西门也。外有学堂，即齐宣王立学所也，故称为稷下之学”；此外，《史记·田敬仲完世家》集解引刘向《别录》中亦言：“齐有稷门，城门也。谈说之士期会于稷下也”;而《史记·田敬仲完世家》索隐引《齐地记》则言:“齐城门西侧,系水左右有讲堂,趾往往存焉。”由以上文献所载可知,稷下学宫乃位于齐国都城临淄之西城门,亦即稷门之下①。

二、稷下学宫的设立、兴盛及衰落

关于稷下学宫的设立,据徐干所言,乃为齐桓公(田午)所设:“昔齐桓公立稷下之官〈宫〉,设大夫之号,招致贤人而尊崇之,自孟轲之徒皆游于齐。”(《中论·亡国》)这样的记载,一般认为是极有可能的。由桓公设立后,随着威王在政治力图称霸而进行变法改革与重用人才,稷下学宫的活动与规模也渐趋兴盛。至齐宣王、滑王时期,稷下之学达至兴盛的顶峰。

宣王在位十九年,怀一统天下之志,广泛招募人才,礼贤下士,使威王晚期因齐国王室内斗而衰落的稷下之学重新兴盛起来,《史记》中有两处载及此。首先,据《史记·田敬仲完世家》所载:

> 宣王喜文学游说之士,自如驺衍、淳于髡、田骈、接予、慎

---

① 晚近有学者在《淄博市文物志》提供资料的基础上,进行了新的探索。通过实地考察以及史料论证,肯定稷下学宫所在的“稷门”,不是面对稷山的齐都小城(宫城)南门,也不是小城的西门,而是大城(郭城)两个西门中偏北的一个门(参见李钊、宋王顺:〈稷下学宫遗址新探〉,《管子学刊》1989 年第 2 期)。另外,据赵蔚芝教授考证,小城南边偏西的门叫雍门;小城的西门叫申门;大城偏南的西门叫扬门,偏北的西门才是稷门(见赵蔚芝主编《稷下学宫资料汇编》,山东教育出版社 1989 年版,第 24 页)。

到、环渊之徒七十六人，皆赐列第，为上大夫，不治而议论。是以齐稷下学士复盛，且数百千人。

其次，据《史记·孟子荀卿列传》所载：

自邹衍与齐之稷下先生，如淳于髡、慎到、环渊、接子、田骈、邹奭之徒，各著书言治乱之事，以干世主，岂可胜道哉！……于是齐王嘉之，自如淳于髡以下，皆命曰列大夫，为开第康庄之衢，高门大屋，尊宠之。揽天下诸侯宾客，言齐能致天下贤士也。

综合《史记》两处所载，大致可勾勒出宣王之时稷下学宫的盛况：人数众多，并且有七十六人列为"不治而议论"的上大夫。而跟随这些稷下先生学习的学士，亦多达数百千人。

学宫发展至湣王后期，已开始走下坡。这和湣王好大喜功以及对待诸侯的态度有关。桓宽于《盐铁论·论儒》中言及：

及湣王，奋二世之余烈，南举楚淮，北并巨宋，苞十二国，西摧三晋、却彊秦，五国宾从。邹鲁之君，泗上诸侯皆入臣，矜功不休，百姓不堪。诸儒谏，不从，各分散。慎到、捷子亡去，田骈如薛，而孙卿适楚。

而最后，不仅宾客离散，稷下盛况不再，甚且湣王亦终因燕、秦等五国之围攻而逃亡至莒，身死异地。

湣王之后，稷下学宫虽于襄王时期有所恢复，如荀子即于此时在稷下“最为老师”，且“三为祭酒”。稷下学宫由创始至结束，长达一百五十年之久①。随六国亡于秦，稷下人才四散，学术重心似已渐转移入秦，这可由《吕氏春秋》一书看出。

三、稷下学宫的性质

从文献上的记载，宣王时期稷下学宫最为兴盛时，大致具有以下三种性质：

（一）广纳贤才的学府

齐宣王为实现其一统天下之志，不限于齐国而广纳各方贤才。如稷下的重要人物中，环渊为楚人，慎到则为赵人等。且据《史记》所载可知，稷下学宫于宣王时，相当于现代大学教授的稷下先生，即有七十六位。此外更有多达数百千名“学士”前来学习，稷下学宫俨然为齐国的最高学府，这在《管子·弟子职》中有生动记述。

---

① 据胡家聪先生计算，稷下之学由始至终大约有一百五十年历史。参看《管子新探》，第 387 页。

(二)为君王献策的智囊

稷下学者可以说是在知识上为齐国执政者出谋划策的。他们在政治上为执政者设计法令制度,并著书立说宣扬自己的政治主张。就政治的角度来说,稷下学者恰可称为君王的智囊团。

(三)学术活动的中心

齐国统治者广纳贤才于稷下,除了营造能“致天下之贤才”的美名外,也期各家能发挥所长,提出富国强兵之策。在学术活跃及政治要求的双重因素下,稷下各派学者纷纷宣说己见,百家争鸣的局面具体呈现于此。

由文献记载,除了各家广为宣扬己说,稷下学宫的学术活动还包含以下几种内容:

(1) 著书立说

按《史记》记载,稷下学宫的学术活动包含稷下先生的“各著书言治乱之事”。由《汉书·艺文志》的著录,大概可知如宋钘著有《宋子》、田骈著有《田子》、环渊著有《环子》、接予著有《接子》,而此等著作皆亡佚。现今可见者,大概尚有《孟子》、《荀子》以及《慎子》残本与《尹文子》等书。此外,现今流传的《管子》一书,则可说是当时稷下学者的一部论文总集。其内容兼备道、法、儒、阴阳等各家之说,可说以道家哲学思想为理论基础,这点后文再论。

(2) 讲学与学习

稷下先生宣扬自己学说最好的方法，就是透过讲授教学。这些稷下先生拥有优厚的生活待遇，不须实际从事任何职事，可以“不治而议论”，专心讲学与研究。数百千名由各地而来的学士，则自由地求教于各稷下先生，并没有限制特定的师从对象。至于稷下学宫师生间相处的情形，今本《管子》有〈弟子职〉一篇，详细记载学生们应遵守的仪节，同时表现出尊师重道的精神。

(3) 定期学术研讨会

除了学术著述以及讲学、学习，刘向《别录》中还载及“谈说之士期会于稷下”，可知稷下学宫有定期的学术聚会。而所“谈说”的内容，不外是各家提出自己学说，以及彼此间的论辩。如《韩非子·外储说》左上中言及“兒说，宋人，善辩者也。持白马非马也服齐稷下之辩者”；《史记》中亦载及“齐辩士田巴，服狙丘，议稷下，毁五帝，罪三王，服五伯，离坚白，合同异，一日服千人”(〈鲁仲连邹阳列传〉正义引《鲁仲连子》)。

由此可看出，在稷下开放的学术环境下，各家得以尽情宣扬自己的论点，并相互交流彼此影响。

叁、稷下道家人物及著作

《史记》载及：

慎到，赵人；田骈、接子，齐人；环渊，楚人。皆学黄老道

德之术，因发明序其指意。故慎到著十二论，环渊著上下篇，而田骈、接子皆有所论焉。(《孟子荀卿列传》)

据《史记》所载，七十六位稷下先生之中，有姓名可考的仅六人，而有姓名可稽的六人中即有四人是“学黄老道德之术”，亦即研究宣说黄老之学，人数比例不可不谓极高。

除了《史记》载及的稷下道家人物，其他文献中言及的稷下道家人物尚有多人，以下即简要叙述《史记》和其他文献中提及的稷下道家人物，及其主要著作或思想。

一、彭蒙

彭蒙为齐人，于战国中期约当齐威王、宣王时代游于稷下学宫，为另一稷下道家人物田骈之师。《庄子·天下》将彭蒙与田骈、慎到列为一派。有关彭蒙之著作，史籍不载，仅片段见于《庄子·天下》以及《尹文子·大道》上、中。思想上，彭蒙主张“齐万物以为首”，强调事物的齐同，并且认为对事物应采取因循自然的态度。另外，亦提出“不言之教”的主张，以为“选则不遍，教则不至，道则无遗者矣”。

二、田骈

据《史记》所载，田骈为齐人。《汉书·艺文志》道家类记有《田子》二十五篇，而班固注曰：“陈骈贵齐”，高诱则曰：“齐陈骈作《道书》二十五篇，齐生死，等古今。”古田陈通，陈骈就是田骈。有关田骈的著述已佚，仅有片段见于《庄子·天下》、《尹文子·大道》上、下、《荀子·非十二子》、《吕氏春秋·执一》、《战国策·齐策》以及《淮南子·道应训》等著作中。据《吕氏春秋·执一》所载，田骈有“变化应求而皆有章，因性任物而莫不宜当”，亦即万物变化有其规律，且为政者应因顺事物之客观情态而适宜行事的主张。此和司马谈〈论六家要指〉言及黄老思想“应物变化，立俗施事，无所不宜”之意旨吻合。

三、环渊

据《史记·敬仲完世家》以及孟子荀卿列传所载，环渊为楚人，与慎到、田骈等人“皆学黄老道德之术”，并于齐宣王时为“稷下先生”。关于环渊的著作，《史记》载环渊著上下篇，《汉书·艺文志》则载《蜎子》十三篇，今佚。

四、慎到

慎到为赵人，齐宣王、湣王之世游于稷下，受上大夫之俸。而据西汉桓宽所编《盐铁论·论儒》所载，齐湣王“矜功不休，百姓不堪。诸儒谏，不从，各分散。慎到、接子亡去，田骈如薛，而孙卿适楚”，可知慎到于齐湣王末年离开齐国，而后至韩为韩大夫。

《庄子·天下》将慎到与彭蒙、田骈视为一派，其中心思想为“齐万物以为首”，并主张“公而不党，易而无私，决然无主”，即立功去私而不存己见，以及“趣物而不两”，亦即随物变化而不起两意。此外〈天下〉篇还提到“慎到弃知去己”、“泠汰于物”、“与物宛转”，此与老子因任自然之旨相合。

关于慎到的著作，《史记》载“慎到著十二论”，《汉书·艺文志》著录有《慎子》四十二篇，至明代仅存五篇，现存《慎子》七篇。

《荀子·解蔽》论“慎子蔽于法而不知贤”，从《慎子》残卷来看，慎到应属道家思想人物。至于慎子的学派归属问题，学界有不同的看法，一般认为他是由道转向法的关键人物，有的专家学者认为他是兼有道家、法家思想的早期道家①。自马王堆《经法》等帛书出土后，晚近学界多以为他属于黄老学派②。

五、接子、季真

关于接子，《史记》称“接子，齐人，……皆学黄老道德之术……田骈、接子皆有所论焉”。成玄英《庄子疏》中则并提及接子、季真二人，曰：“并齐之贤人，俱游稷下。”关于二人之著述，《汉书·艺文志》道家类著录有《捷子》二篇，已亡佚。季真则无书传世。在思想主张之上，《庄子·则阳》在论及宇宙万物起源的问题时，曾提到季真主张“莫为”，接子主张“或使”，均属道家学派。

---

① 参见吴光：《黄老之学通论》，浙江人民出版社 1985 年 6 月版。

② 参见江育海：〈慎到应是黄老思想家〉，《北京大学学报》，1989 年第 1 期；又如张秉楠《稷下钩沉》中所言：“稷下黄老之学经过慎到开拓，成为战国法治主义的理论基础”，其部分遗著“法家思想较浓，但考其源，亦出于黄老道德之意”。

六、宋钘

宋钘，又名宋牼、宋荣，为宋人。于齐威、宣之际游于稷下，为稷下最有影响力的学者之一，孟子、庄子加以尊称(孟子以"先生"称呼他，庄子称他为"宋荣子"，荀子则以子宋子来称呼。)《汉书·艺文志》著录《宋子》十八篇，已佚。班固说："孙卿道宋子，其言黄老意。"依此当归入道家。《庄子·逍遥游》则描述宋钘达到定乎内外、辨乎荣辱之境："举世而誉之而不加劝，举世而非之而不加沮，定乎内外之分，辨乎荣辱之境。"《庄子·天下》则将宋钘和尹文列入同一派，论述他们的主要观点为：(1)接万物以别囿为始，(2)语心之容，命之曰心之行，(3)见侮不辱，救民之斗，(4)禁攻寝兵，救世之战，(5)情欲寡浅，(6)愿天下之安宁以活民命，人我之养毕足而止。

此派融合了道墨思想，如"禁攻寝兵，救世之战"正是墨子的主张；《荀子·非十二子》将宋钘和墨子并举，即可见宋子的思想和墨子有共同之处。此派最大的特色是提出"见侮不辱"之说，荀子批评"宋子有见于少，无见于多"(《荀子·天论》)，"见少"即与老子观点相同；此外荀子还批评宋钘"大俭约，而僈差等"(《非十二子》)，此点也可看出与道家思想相合之处。

郭沫若以为，《管子》〈心术上、下〉、〈内业〉、〈白心〉四篇即是宋钘遗著，此观点受到中外学者广泛的接受，不过晚近亦有不少学者反对这样的说法[①]。郭沫若以为宋钘这一派，“是战国时代的道家学派的先驱，而他的主要动向是在调和儒墨”。此说则颇可参考。

七、尹文

尹文为齐人，与宋钘同游于稷下，刘向以为“其学本于黄老”（仲长统《尹文子》序文）。《说苑·君道》记载齐宣王曾问政于尹文，尹文劝齐宣王实行“无为”。他认为：“无为而能容天下”，并言：“大道容众，大德容下，圣人寡为而天下理矣”，这是引申老子无为而治的学说。尹文并曾与齐湣王论“士”，提出“见侮不闻”之说（《吕氏春秋·正名》）。

在著述上，现今所传《尹文子》一书，有学者认为是尹文学派的著作[②]。当代学界由于受到20世纪30年代“疑古”之风的影响，多将现存《尹文子》一书误判为魏晋时人伪作，晚近已有学者以专文提出驳正[③]。

---

① 如冯友兰、张岱年等著名学者均提出异议（见冯友兰：《中国哲学史新编》第二册，第101页；以及张岱年：《中国哲学史史料学》，三联书店1982年版，第48—50页）；另外张先生还撰写专文〈管子的心术等篇非宋尹著作考〉，加以论证（见陈鼓应主编《道家文化研究》第二辑）。

② 胡家聪以为，今传《尹文子》一书“似是尹文的语录集，由其弟子整理成书，我们应把它看作是尹文学派的著作”。参见其〈尹文子与稷下黄老学派〉，《文史哲》1984年第2期。

③ 参见胡家聪：〈“尹文子”并非伪书〉，《道家文化研究》第二辑，1992年8月。

肆、《管子》四篇——稷下黄老代表作

稷下道家之重要人物及作品除以上所列，另有一部集结稷下学者著述的论文集，即《管子》一书，更能表现出稷下百家交会之思想形态。《管子》一书融会各家学说，然其中却有不少黄老思想的篇章，如〈心术上〉、〈心术下〉、〈内业〉、〈白心〉四篇，以及〈形势〉、〈宙合〉、〈枢言〉、〈水地〉等作品，其中《管子》四篇更是黄老思想的代表作。此四篇内容有其一致性，亦有着各篇独自的特点而显出差异性。

一、《管子》四篇的一致性

此四篇的一致性主要表现在以下几个方面：

(一)四篇在行文上有着相关性

在文字内容上，四篇之间即存在着许多相近之处。我们以〈内业〉为参照点，择要举出与其他三篇行文上相似之处：

(1)〈内业〉与〈心术〉文字相近之处

兹举两处为例：如〈内业〉云："道满天下，普在民所，民不能知也"与〈心术上〉所言"道不远而难极也，与人并处而难得也"相近；又〈内业〉"有神自在身……。敬除其舍，精将自来"，与〈心术上〉"虚其欲，神将入舍。扫除不洁，神不留处"相近。

(2)〈内业〉与〈心术下〉文字相近之处

〈心术下〉与〈内业〉在文字上大多相同,因此郭沫若即认为"〈心术下〉为〈内业〉之副本",并且〈心术下〉"只是〈内业〉篇的中段,而且次序是紊乱的了"。我们举两处两篇文字相近同之处,如〈内业〉云"是故圣人与时变而不化,从物而不移",而〈心术下〉亦有近似的说法:"圣人之道,若存若亡,援而用之,没世不亡。与时变而不化,应物而不移,日用之而不化";另外〈内业〉言及"道":"凡道,无根无茎,无叶无荣,万物以生,万物以成,命之曰道",则与〈心术下〉言及"道":"道,其本至也,至不至无,非所人而乱。凡在有司执制者之利,非道也"近似。

(3)〈内业〉与〈白心〉文字相近之处

〈内业〉言及"道"无所不在,而一般人却难以明白其存在的说法:"道满天下,普在民所,民不能知也",亦见于〈白心〉"道之大如天,其广如地……民之所以知者寡"之说;又〈内业〉对"道"的描述:"不见其形,不闻其声,而序其成,谓之道",亦与〈白心〉"视之不见,听之不闻,洒乎天下满,不见其塞。集于颜色,知于肌肤"两者描述相通。

(二)四篇在思想内涵上对老学的继承

细审四篇的思想内涵,显然皆一致是对老子思想的承继与发挥。这可由以下几个层面看出:

(1)在"道"论上,老子认为"道"乃"视之不见,听之不闻,搏之不得”(《老子》第十四章),且“不可致诘”,是超越名象而无法用感官知觉的。而“道生之,德畜之”(第五十一章)之说,也进一步阐明“道”之创生万物,以及“德”之畜养万物,使其生长、发展。而这样的“道”论正为《管子》四篇所承继,如〈心术上〉曰:“虚无无形谓之道,化育万物之谓德”,以及“道也者,动不见其形,施不见其德,万物皆得以生”。正是对老子“道”的“视之不见”以及“道生之,德畜之”的阐发。

另外,〈内业〉中所言“万物以生,万物以成,命之曰道”,以及〈白心〉“视之不见,听之不闻,洒乎天下满,不见其塞”,亦是承继老子之道论。

(2)老子强调“虚”、“静”,所谓“致虚极,守静笃”(第十六章)。在老子,“虚”同时具有修养论以及宇宙论层面之意义,前者如“虚其心”之说,后者则如“虚而不屈,动而愈出”之论;至于“静”更是老子所重视,如“清静为天下正”(第四十五章)、“静为躁君”(第二十六章)等说法。

老子“虚”、“静”之论,皆在《管子》四篇中得到进一步的发挥。如谈到“静”,〈心术上〉即云:“动则失位,静乃自得”,又说“静则能制动矣”;而〈内业〉亦云:“静则得之,躁则失之”,皆是老子“静”观的展现;而论及“虚”,〈心术上〉所言:“天之道,虚其无形,虚而不屈,无形则无所位;无所位,故遍流万物而不变”,是在天道论上对老子“虚”的阐明;而〈心术上〉“虚者,无藏也”之说,则是由认识论之心境层面,对老子“虚其心”的承论。

(3)老子屡言“无为”,既用以描述“道”的特性,所谓“道常无为而无不为”(第三十七章),又用以作为人事层面应事之原则,所谓“处无为之事”(第二章)、“为无为,事无事”(第六十三章),于此四篇亦有所继承。如〈心术上〉云:“无为之谓道”,无为正是行事之原则。而〈白心〉亦云:“能者无名,从事无事”,“无名”、“无事”亦是老子“无为”思想的具体阐释。

(4)《老子》“反者道之动”(第四十章)的形上体悟,指出万事万物“物极必反”的转变规律,并以此含括人事的演变。依此,老子提出“守柔”、戒“骄”、戒“刚强”之处世态度。

四篇中对老子如此的思想,多有体会。如〈白心〉云:“日极则仄,月满则亏,极之徒仄,满之徒亏,巨之徒灭”,从“物极必反”的形上律则推演出的人事发展规律,正是承自《老子》“物壮则老,是谓不道,不道早已”之意旨。而“持而满之,乃其殆也。名满于天下,不若其已也。名进而身退,天之道也”,正是老子“功遂身退,天之道也”(第九章)之论。

(5)老子也重视“时”、“中”、“和”、“一”等概念,如言“动善时”(第八章)、“守中”,以及“圣人抱一以为天下式”(第二十二章)等。《管子》四篇亦承继了这些概念,而成为其重要的思想内涵。如〈白心〉云:“建当立首,以静为宗,以时为宝,以政为仪,和则能久”,同样强调了“静”、“时”、“和”的概念。〈内业〉中亦云:“执一不失,能君万物。君子使物,不为物使,得一之理”,所言之“一”当即是承老子“抱一”、“执一”观念而来。

总而言之,《管子》四篇一致的承继与发展了老学的重要概念与思想内涵,可以说,这是四篇在思想承继的侧面上表现出的一致性。

(三)四篇属于黄老学派之作

仔细分析四篇的思想内涵,恰好与司马谈在〈论六家要指〉中言及道家之旨相和。因此以〈论六家要指〉中所提及的道家思想内涵为线索,正可比对出《管子》四篇中黄老之学的思想成分。

分析〈论六家要指〉中所言之“道家”,亦即黄老之学,大致可归结出三点思想内容,即“以虚无为本”、“以因循为用”,以及关于形神养生的问题。我们即以此三项主题,来就《管子》四篇中的黄老思想加以说明。

(1)以虚无为本

所谓“虚无为本”,就是以内心的虚静淳和为根本,相当于《管子》四篇所言的“虚静无为”。“以虚无为本”是针对人的内在方面而言的,意味着内心的虚静恬淡。《管子》四篇极为重视内心的修养,单从篇名上看,“心术”正是指内心修养的方法。此方法正是:“心术者,无为而制窍者也”(〈心术上〉)。于此,“无为”即指内心的虚静以及行事上的循理而不妄作,此正符合〈论六家要指〉“以虚无为本”之意。〈内业〉中亦云:“心静气理,道乃可止”,以及“修身静意,道乃可得”,“心静”以及“静意”之说,皆指向内心的淳和虚静。

"以虚无为本",运用到治道,则是治者宜摒除主观成见而以客观情状为规准。

(2)以因循为用

关于"因循"之用,〈论六家要指〉中有清楚的阐释:

> 有法无法,因时为业。有度无度,因与物合。故曰:"圣人不朽,时变是守。"

又云:

> 其为术也,因阴阳之大顺,采儒墨之善,撮名法之要。与时迁移,因物变化。立俗施事,无所不宜。指约而易操,事少而功多。

因此,所谓"因循"一方面是指以客观事实为依据,依照事态变化的趋势而行动的行事原则;同时还包括所谓"因阴阳之大顺,采儒墨之善,撮名法之要",亦即思想上充满灵活性,能客观认识与采纳他家之长,而不死守于一家之论。

《管子》四篇中"因"的思想,正与〈论六家要指〉所言的"因循之用"意义相符。〈心术上〉言及"因":"因也者,舍己而以物为法者也",正是要求人去除主观成见,依循于事物客观情状而行动。而"无为之道,因也。因也者,无益无损也。以其形,因为之名,此因之术也”(〈心术上〉),“因”正是“无为”的具体意义,依顺于客观情势之实,不做主观的损益,虚心无为,此是“因”之术,亦正是“无为”之道。

(3)形神养生问题

〈论六家要指〉中,提及有关养生的问题:

> 道家使人精神专一……。至于大道之要,去健羡,绌聪明,释此而任术。夫神大用则竭,形大劳则敝。形神骚动,欲与天地长久,非所闻也。

又云:

> 凡人之所生者,神也。所托者,形也。神大用则竭,形大劳则敝,形神离则死。死者不可复生,离者不可复反。故圣人重之。由是观之,神者,生之本也;形者,生之具也。不先定其神,而曰“我有以治天下”,何由哉?

〈论六家要指〉提及的形神观,皆是《管子》四篇中重要的形神养生论。首先,四篇言及“精气”。〈内业〉云:“凡物之精,此则为生;下生五谷,上为列星。流于天地之间,谓之鬼神;藏于胸中,谓之圣人。”此处所言之“精”是一种微妙的精气,既充塞于宇宙之中,又内在于人体和心灵。而“夫道者,所以充形也”,“道”在此即是“精气”之意，精气是充满人身的。充于人身之精气又称为“神”，因决定着人的精神内蕴，因此其意义已转化至人精神心灵之层面。

从修养的角度而言，精气能否留存于人身体及心中，影响着人身心之状况。〈内业〉即言：“精存自生，其外安荣，内藏以为泉源，浩然和平，以为气渊。渊之不涸，四体乃固。……不逢天灾，不遇人害，谓之圣人”，正是精气影响身心之论。

另外，〈内业〉还提出“正心在中，万物得度”、“抟气如神，万物备存”之说，指出修养一己之身心与治理万物间之关联，可以看做是“心术”与“主术”间的关系。而这正是〈论六家要指〉所言：“不先定其神，而曰我有以治天下，何由哉?”之意。

从〈论六家要指〉所言“道家”之要义来比对《管子》四篇之思想意旨，其中大多吻合之情况来看，四篇确属于黄老学派的作品。

二、《管子》四篇的差异性

《管子》四篇虽具有一致性，然却不能随意将四篇混同，其实各篇皆有其特点与主旨。就拿〈心术下〉与〈内业〉二篇来说，虽二篇文字大抵雷同，然而如朱伯昆所比较，此二篇有一点不同，亦即“〈心术下〉谈形名，〈内业〉不讲形名”。因此，似亦不能轻易如郭沫若所言，视〈心术卜〉为〈内业〉之“副本”，将二篇视为同一篇。以下分论各篇独自的特点与意旨，再就各篇写成之年代的差别提出简要的说明。

(一)《管子》四篇各自的思想意旨与特点

(1)〈心术上〉的意旨和特点

〈心术上〉的主旨是发挥“虚无”、“因循”的思想。〈心术上〉以为“道”蕴含“虚静”的特性,虚静的道与人密不可分,因此圣人可以体得虚静之道。然而体得“道”须内心虚静,亦即去除欲求与成见,此即所谓“扫除不洁,神乃留处”。

此外,〈心术上〉引进“形名”的观念来具体阐发黄老之学“无为而治”的理论。其言“物固有形,形固有名”,以此而言“正名”、“应物”,推展开来即是“因”之术。

通过“因”之术,〈心术上〉将“心术”推展至“主术”的应用上。亦即以虚静之心,因循外物客观之情势,在政治上达至君臣分职、物各为治的效果。

(2)〈心术下〉的意旨和特点

〈心术下〉亦清楚地将治国与治心关联起来,阐明治理天下乃奠基于统治者身心之修养。所谓“心安是国安也,心治是国治也”。此外,〈心术下〉亦讲“形名”,其言:“凡物载名而来,圣人因而裁之而天下治。名实不伤,不乱于天下而天下治”,这正是〈心术下〉与〈内业〉差异之处。

(3)〈内业〉的意旨和特点

〈内业〉提出重要的精气说,精气既流行于天地之间,亦留存于人身心之中。所言“夫道者,所以充形也……卒乎乃在于心”。

指出“道”藉由心之明鉴，“道”可以留存于心中。

此外，〈内业〉透过“道”、“心”、“气”、“形”以及“神”等重要概念来阐扬治身之道。

(4)〈白心〉的意旨和特点

〈白心〉主要论述圣人之取法天道之虚静，此与〈内业〉、〈心术〉上、下诸篇意旨同。不过，〈白心〉亦谈形名，并且将之与“法”结合起来。所谓“是以圣人之治也，静身以待之，物至而名自治之。正名自治之，奇身名废。名正法备，则圣人无事”。“名正法备”正是结合形名与法度之论，此与〈心术上〉不同。

此外，〈白心〉亦强调“因时”之说。所言“随变断事也，知时以为度”，正体现出黄老重视“时变”的思想。

四篇在思想的一致性中，亦有着各自的意旨与特点，此外在写成的顺序上亦可见其先后差异。

(二)《管子》四篇写成的先后差异

整体说来，〈心术下〉是对〈内业〉的阐释与引申，因此，〈心术下〉写成的时间当即在〈内业〉之后。而〈心术〉上、下二篇写成之时间相当，因此，〈内业〉与〈心术〉上、下这三篇写成的时间先后，当即〈内业〉早于〈心术〉上、下。

至于〈白心〉，其中“形名”、“法”以及治国层面之思想，显然皆为〈内业〉所无或较〈内业〉理论上更细腻，〈白心〉写成当晚于〈内业〉。而〈白心〉将“形名”与“法”之思想结合起来，并且身心的修养亦与形名加以关联，可以说综合了〈内业〉与〈心术〉上、下的主要思想。因此，〈白心〉写成的时间当为四篇中最晚。

《管子》四篇的道论

《管子》四篇(〈内业〉、〈心术〉上、下及〈白心〉)主旨在于论心,即以心本论、心气说为核心,而其哲学理论则由道论而发①。《管子》四篇的道论可以说是老子道论的继承和发展②。

《管子》四篇以"道"为宇宙万物的终极本原,〈白心〉言:"原始计实,本其所生",指的就是本原之道。〈内业〉说:"凡道,无根无茎、无叶无荣,万物以生,万物以成,命之曰道。"在万物生成论的

---

① 《管子》四篇作者的问题,向为研究者所关注。笔者较同意蒙文通的看法,认为这几篇作品是稷下黄老派的学说,"似不必确认其为何人的书。"(见蒙文通,《古学甄微·略论黄老学》,巴蜀书社 1987 年版,第 28 页);类似观点请参看冯友兰:《中国哲学史新编》第二册,第十七章;胡家聪:《管子新探》,中国社会科学出版社 1995 年版,第 100 页。

② 今本《管子》,为汉代刘向所编定,现存七十六篇,内容十分庞杂。宋代叶适已指出:"《管子》非一人之笔,亦非一人之书。"(《习学记言》卷四十五)朱熹并说:"《管子》,非管仲所著。……想只是战国时人收拾当时行事言语之类著之,并附以他书。"(《朱子语类》卷一百三十七)今本《管子》有些篇叙述管仲的遗说,成书较早(如〈大匡〉、〈中匡〉、〈小匡〉篇);本文关注的《管子》四篇成书当在战国中期以后。有关四篇年代,笔者同意张岱年先生的看法,认为其年代"当在《老子》以后,荀子以前。〈心术〉等篇中谈道说德,是受老子的影响;而荀子所谓虚一而静学说又是来源于〈心术〉等篇"(见张岱年:《中国哲学史史料学》,第 581 页)。

观点上,《管子》四篇祖述《老子》;在对万物的养育问题上,亦然。《老子》[①]说:“道生之,德畜之。”老子之道,具有创造的功能和养育的功能。所以〈心术上〉说:“道之与德无间”,它们是宇宙万物存在的本原和生长的基础。而且,〈心术上〉更为老子的道与德作出这样简明的解释:“德者道之舍,物得以生,……德者,得也;得也者,谓得其所以然也。”这里说的“所以然”,其实就是本原之道。〈心术上〉进一步将《老子》的“道”、“德”界说为“虚无无形谓之道,化育万物谓之德。”这是对老子形上之道与畜养之德最完整的概括。此外,四篇在以下这些方面对老子有所继承和发展。

壹、《管子》四篇中祖述老学之成分

一、道之超言绝象

《老子》以“窈兮”、“冥兮”(第三十二章)形容“道”之深远暗昧,〈内业〉便说:“冥冥乎不见其形,淫淫乎与我俱生。”《老子》以道为超言绝象,无形无名,并说:“视之不见,听之不闻,搏之不得。”《管子》四篇继承此说,如〈内业〉云:“不见其形,不闻其声,而

① 《老子》一书为老聃自著(请参看拙著《老子今注今译》序文,北京商务印书馆2003年最新修订版。)故笔者在行文时将其人其书互用。新近公布的战国楚墓竹简《老子》,其中甲组摘抄本所根据的传本,可能早于战国中期,这一珍贵文献的出土,为《老子》成书早出说提供了更为有力的实物证据。

序其成谓之道”，“道也者，口之所不能言也，目之所不能视也，耳之所不能听也”；又如〈心术上〉有云：“道也者，动不见其形，施不见其德……故曰大道可安而不可说。”[①]可见四篇对道体的描述，与《老子》并无二致。

二、道之虚静无为

《老子》论“虚”，有天道意义之虚，如谓“虚而不屈”（第五章）；〈心术上〉沿袭了这一观念[②]，认为“天之道，虚其无形，虚而不屈，无形则无所位；无所位，故遍流万物而不变”。《老子》所言之“虚”，亦有人道意义之虚，如云“虚其心”（第三章）；〈心术上〉谓“恬愉无为，去智与故，言虚素也”。“虚素”与“虚其心”文义相通。

《老子》哲学追求“虚极静笃”（第十六章），以“静”为万物之所根，从而主张“清静为天下正”（第四十五章）。这些观念沿着道论之脉络也同样在《管子》四篇中体现。〈心术上〉说：“动则失位，静乃自得”，又说：“静则能制动矣”，显然是《老子》“静为躁君”思想之推衍；〈内业〉也有同样的表白：“静则得之，躁则失之”更与《老子》所说的“静为躁君”、“躁则失君”（第二十六章）在文字上若合符节。不过〈内业〉言静，更有将老子政治层面转化到心灵层面的趋向。〈内业〉屡屡就心灵修养层面强调正、静、定的作用，这方面

---

① 〈白心〉对于道体的描绘也直接祖述《老子》，如“视之不见，听之不闻”等语。

② “虚”字屡见于〈心术上〉，全篇计出现约 20 次；而〈内业〉，则言“正”、“静”、“定”，这是考察《管子》四篇差异性时，颇堪留意之处。

对《大学》有着直接而深刻的影响[①]。

老子将天道之无为应用于人事，这一思路为《管子》四篇所继承，如〈心术上〉云："无为之谓道"；又云："必知不言、无为之事，然后知道之纪"，其中"不言、无为之事"，显然是引自《老子》第二章"处无为之事，行不言之教"，而"道纪"一辞，则本于《老子》第十四章[②]。

三、道之"反"的特性

《老子》第四十章以"反者道之动"一语概括宇宙间"物极必反"之理，据此乃有柔弱守雌、戒骄戒躁的处世之方。〈白心〉云："强而矫者损其强，弱而矫者亟死亡；……是故骄之余卑，卑这余骄"，正是对《老子》"守柔曰强"（第五十二章）、"勿骄"、"勿强"（第三十章）再加推衍。〈白心〉又言："日极则仄，月满则亏，极之徒仄，满之徒亏，巨之徒灭"，则是《老子》"物壮则老，是谓不道，不道早已"之余意。"持而满之，乃其殆也。名满于天下，不若其已也，名进而身退，天之道也"，正是本于《老子》"持而盈之，不如其已，……功遂身退，天之道也"（第九章）。而"满盛之国不可以任仕，

① 《大学》云："知止而后有，定而后有静，静而后得安"，"欲修其身者，先正其心"。按："静"、"定"观念首见于《老子》（第三十七章），而《大学》之言"静"、"定"、"安"的修心工夫则直接来自〈内业〉。

② 其余如〈白心〉云："能者无名，从事无事"，亦是套用《老子》思想概念加以推衍。

满盛之家不可以嫁子，骄倨傲暴之人不可与交”，也可以与《老子》“金玉满堂，莫之能守”、“富贵而骄，自遗其咎”（第九章）互为印证。

由以上的对比看来，《管子》四篇在道论上明显地祖述《老子》。

贰、《管子》四篇对老子道论之发展

《管子》四篇在道论上，不只于祖述《老子》，在很多思想观念上又有着进一步的发展。以下举数例为证：

一、道之必宽舒、必坚固

老子道论贵在守柔不争；稷下道家则强调它的宽舒、坚固的性格，如〈内业〉曰：“凡道必周必密，必宽必舒、必坚必固。”“道”之周密、宽舒与坚固性，体现于人身，可以达至“耳目聪明，筋信而骨强乃能戴大圜，而履大方”，如此昂扬气概正相应着齐国文化传统所孕育出来的大国气象，与《老子》书中描写体道之士守柔不争、凝静敦朴、谨严审慎的人格形态大异其趣①。

---

① 《老子》第十五章以古之善为士者，微妙玄通，深不可识，而强为之容，分别以豫兮、犹兮、俨兮、涣兮、敦兮、旷兮、混兮、澹兮、飂兮对体道者的容态与人格形态勉强作了一番描述。见陈鼓应：《老子今注今译》，第105—106页。

二、道之其大无外、其细无内

《老子》言“大”、“小”，谓“域中有四大”（第二十五章）、“见小曰明”（第五十二章）。老子所谓的“域中”显现出一种空间上的范限性。而稷下道家则屡言道之“其细无内，其大无外”（〈内业〉）、“其大无外，其小无内”（〈心术上〉）、“大之无外，小之无内”（〈宙合〉），在在皆强调道在空间上的无限性。庄之于老也有类似的发展，庄子常将人放置于无穷性的宇宙，在大化之流的时空中来思考人类的处境，开阔人们的视野。春秋末期之老学发展至战国中期以后的齐、楚道家，思想视野更形开阔，频频触及无限时空之延伸，可说具有共通的时代特色①。

三、虚与无为观念之发展

《老子》论“虚”，一方面涉及空间义之“虚”，如谓“天地之间，虚而不屈。”（第五章）另一方面则就心境而言“致虚极。”（第十六章）稷下道家就这两方面加以继承，并作进一步的衍伸。就空间而言，稷下道家一方面将“虚”提升至道的层次（〈心术上〉：“虚无无形谓之道”）；另一方面将它提升到万物之始的地位（〈心术上〉：“虚者万物之始”）。

稷下道家除了将老子空间义之“虚”提升为宇宙论中的一个

① 这种思想开阔的时代性，如名家之惠施，阴阳家之驺衍均是。

范畴之外，还将老子心境之“虚”，转化而为认识论上的一个概念。老子论“虚”，多就修养工夫之层面而立论，〈心术上〉则转而延伸到知识论主客关系的层面上，强调主体认识机能保持空明灵觉的功能。〈心术上〉有一段这样的文字：

> 人皆欲知而莫索之，其所知，彼也；其所以知，此也。不修之此，焉能知彼，修以此，莫能虚矣。

“彼”与“此”在认识论上分别代表了“所知”之客体与“所以知”之主体，〈心术上〉认为如果主体不能获致清明，那么对于客体也不可能有确切的认识。所谓“虚者，无藏也”，“无藏”就是主体不受主观偏见的障蔽而能如实地客观反映实况。

至于“无为”的观念，稷下道家则赋予其具有时代性的新内涵。老子的“无为而无不为”，原始的意义乃是统治者若能顺任民情而不强作妄为，其结果就会什么事情都做得顺当。但黄老派将“无为”导向君与臣之间的职能分工原则上。〈心术上〉有云：“心在本体，君之位也；九窍之有职，官之分也……君无代马走，无代鸟飞。”认为君主主要掌握处事的法则（“以观其则”），不要扩权去越俎代庖，让各级官吏分层任事。以此，黄老将“无为”引进刑名法治的思想，这对老子的原义有着崭新的内容。

叁、《管子》四篇道论之特点

稷下道家之道论方面，具有最大突破性的发展，可总结为这两个方面：一是援法入道，二是以心受道。后者为道与主体之关系，前者为道落实于政治社会之运作。从这两个方面，都可以看出老学齐学化的特色。更确切地说，稷下道家建立了他们自己独特的道论。

《管子》四篇探讨道与主体之关系，提出"道不远人"、"道者充形"等亲切的说法。而道落实于政治社会之运作，则提出有"道生法"、"道贵因"两个重要的命题。

一、"道"与主体之关系

老子的道同时涵括天、人二层，究其实，其天道乃是为人道而立说。然而老子的形上之道，总给人以"玄之又玄"的迷离色彩。战国中期以后，对于"道"的思考则有强化其人间性的趋向，如庄子强调道之"无所不在"，并且提出"心斋"之说，进一步将道落实于人心。稷下道家在这方面也有着相同的思考导向，如：

> 道满天下，普在民所。(〈内业〉)
>
> 道不远而……与人并处……。(〈心术上〉)
>
> 道……卒乎乃在于心。(〈内业〉)

"道不远人"乃是泛论"道"与人的联系，具体言之，则落实于"心"。老子之道论并未涉及"心"的范畴，战国中期之后，庄子提出"唯道集虚，心斋也"之说，不仅将玄远之道落入人心，并将空明灵觉之心提升而为一种艺术心境。稷下道家论"道"，同样重视道之落实于人心，而认为只有善于修心，才能得道。稷下道家重视身心的修持以及善心的发扬，则是与庄子不同之处。再则，在道化生万物之过程的问题上，老子的道论似失之空泛，战国道家乃提出气化论以作为补充。庄子阐扬气化流行的概念，以气作为构成万物的原质，并以气的聚散运行说明万物的生灭变化与流转迁徙。稷下黄老则提出精气学说，将道具象化而为精气，落实于人身，并用以解释人物及生命智慧的来源。

二、"道"落实于政治社会之运作

(一)道生法

老、孔时代，所谓礼崩乐坏，周初宗法封建所赖以维系的礼制早已弊端丛生。因而老、孔莫不属意于圣人之治，而未着眼于客观制度的重建。战国中期崛起于齐的稷下道家，其处境与小国陈、鲁的老、孔乃至宋国的庄周都大不相同。齐属天下首屈一指的大国，稷下学宫鼎盛时期的威、宣之际，更是鸿图大展的时机。稷下人物莫不跃跃欲试，投身于体制改革以推动一统大业，包括孟子也都亟言"一定天下"。然而孟子仍依循孔子人治的思想旧途，唯有稷下黄老则一方面在人治的问题上提出"无为"以求限制君权的膨胀，同时继承管仲以来齐国优良的法制传统，以使君臣上下循名责实地各依其职、各尽所能。有关“圣人之治”与“圣法之治”的议题，在《尹文子》中保存了一段思想史上难得可贵的史料：

> 田子读书，曰“尧时太平。”宋子曰：“圣人之治，以致此乎？”彭蒙在侧，越次答曰：“圣法之治以至此，非圣人之治也。”宋子曰：“圣人与圣法，何以异？”彭蒙曰：“子之乱名甚矣。圣人者，自己出也；圣法者，自理出也。理出于己，己非理也；己能出理，理非己也。故圣人之治，独治者也；圣法之治，则无不治矣。”

彭蒙可能是年老一辈的稷下先生，《庄子·天下》将他列为和田骈、慎到同一派，并说他是田骈之师。在上述的讨论中，彭蒙指出圣人之治与法治的不同：前者是出于己，后者是出于理，并批评即使圣人之治再好，也会流于“独治”。这具有何等独特的眼光！

彭蒙是稷下道家重要人物，从他强调法治（“圣法之治”）的说法看来，这条思路也同样明确地表现在其他重要的黄老著作中。如：马王堆帛书《黄帝四经》开篇云：“道生法。”

〈经法〉篇开宗明义宣称：“道生法。”然而帛书《四经》（〈经法〉、〈十大经〉、〈称〉、〈道原〉）称道法治而未及言礼[①]。保存在

---

① 帛书《黄帝四经》全书“礼”字未及一见，“仁”字亦仅出现一次，见于〈十大经·前道〉。

《管子》书中有关稷下黄老的作品〈枢言〉和〈心术上〉，除了援法入道之外，同时又援礼义以入道。让我们看看〈心术上〉提出这样一段重要的说法：

> 礼者，因人之情，缘义之理，而为之节文者也。故礼者谓有理也。理也者，明分以谕义之意也。故礼也乎义，义出乎理，理因乎宜者也。法所以同出，不得不然者也。

众所周知，老子对礼、法抱持批判的态度，而稷下道家则因应时代环境之需，乃提出援礼法以入道的主张。以〈心术上〉与〈枢言〉篇为代表的稷下道家，认为礼、法出于道，其将道提到首要的地位，并将形而上之道与形而下之礼法贯通为一整体。

〈枢言〉篇简明地说："法出于礼，礼出于治，法、礼，道也。"〈心术上〉则对道、德、义、礼、法进行界说。在界说中将传统的伦范充实了新的内涵。首先〈心术上〉强调道与德赋予万物以生生不息的力量（"遍流万物"、"物得以生生。"）在道的具体施用上，重视政治社会生活中设置各种仪节（"为之节文"），而各种仪节之设施，需兼顾"情"与"理"的平衡。所谓"礼者，因人之情，缘义之理"，这是一项富有特殊时代意义的提法。

所谓"礼义法度者，应时而变者也"（《庄子·天运》），道家主"时变"，对于西周以来实施了数百年而早已弊端丛生的礼制，进行合理地改造以顺应民情（"因人之情"），确实是一个重大的时代课题。儒家伦理自始便有泛道德化及道德绝对主义的倾向，经汉唐至宋明，对于思想的禁锢、人心的桎梏，到了每况愈下的地步。庄子时代便已对儒者发出“恶知礼义”之讥，并提出道德行为须合于人情的呼吁（《庄子·骈拇》：“仁义其非人情乎！”）。而〈心术上〉“因人之情”的要求，则给予僵固化的礼制文化注入新的血液，在“理”的相互补充下，并带给礼制以平衡发展的推动作用。

〈心术上〉总结道、法关系说：“事督乎法，法出乎权，权出乎道。”这里，“道”与“法”之间，由“权”来联系。所谓“权”，就是义和礼之和，也就是说在道的大原则下，法的实施要照顾到人的情宜（所谓“义者，谓各处其宜也”）。

（二）道贵因

《老子》书中未提及“因”，战国道家著作则屡言“因”。帛书《黄帝四经》论及“因”字达23次，《庄子》书中则有53次。但是其含义主要在于“顺任自然”，并未形成独立的概念。到《管子》四篇中“因”则已成为独立的哲学概念。〈心术上〉除了对“因”有明确的界说，更发展出“静因之道”的范畴和“道贵因”的命题。

〈心术上〉对“因”有两个界说：一为“因也者，舍己而以物为法者也”，另一则为“因者，因其能者言其所用也”。前者是指泯除私见而以客观事物为准则；后者则是指顺任人物的长处来发挥最大的作用。

稷下道家重视“因”，将它提升而为道的一种重要特性，并提出“道贵因”的命题。“道贵因”的思想，具体表现在“因时应物”的原则与态度上。除此之外，又将“因”的概念与“刑名”相结合，而有所谓“因之术”。〈心术上〉云：“无为之道，因也；因也者，无益无损也。以其形，因为之名，此因之术也。”这是说人们在面对外界事物的时候，以事物客观之“形”而称呼其“名”，事物之“名”不得脱其客观之“形”。圣人据此以“督言正名”，纲纪天下，最主要的便是不假妄意。此“因之术”的原则就是“舍己而以物为法”的引申。由此可见稷下道家是把“因”从政治层面的概念，发展成为认识论的一种概念。

稷下道家在讨论到和刑名相关的“因之术”，又同时提出“静因之道”的命题。这可以就“静”及“因”两个部分来加以说明：“静”即是主观上保持内心之虚静；“因”则是因循，扬弃主观成见，依循外在客观之准则。“静因之道”这一认识论上的重要命题，对于荀子“虚壹而静”（《荀子·解蔽》）的主张有直接的影响。

总结稷下道家的道论，在道体的描述上承袭老子。但在道的施用方面，则赋与了时代的特性（如上所述“道生法”、“道贵因”）。至于道具象化而为气，落实于人心，则是战国中期道家各派的共同的趋向。

《管子》四篇的心学和气论

壹、稷下道家的心学

道论为哲学理论的基石，而稷下道家思想的核心实则是心学。我们只要从《管子》四篇篇目的命名，就可知晓。“心术”意谓心之功能；“内业”意为内心的修养；“白心”意即洁白其心。在内容上，更可见四篇皆以“心”为论述之主题：〈心术上〉经由论述心与其他知觉官能地位之关系以喻君主治人之术；〈内业〉与〈心术下〉以养形、修心、聚气为通篇主旨所在；〈白心〉则突显圣人如何运用道德以修身治国。由此可见，尽管四篇宗旨略有不同，却皆以“心”为重点申论之一致性。

老子虽在道论上具有空前的创发性，但于心学则无所建树。迄战国中期，南北道家均大倡心说，丰富中国古代的内圣之学。《庄子》言心，全书多达120余次，其中可概分为三类：其一为客观的描述，如〈列御寇〉谓：“凡人心险于山川，难于知天”，〈在宥〉云：“人心排下而进上”等，乃属客观描绘人心之深邃、复杂及其可动性与可塑性。其二为负面之分析，如所谓“机心”、“成心”、“贼心”等属之。其三则为正面之提升，如所谓“心斋”即是；尤以“游心”之说，不仅为庄子主体精神写照，更为艺术人格之呈现。先秦道家之心学，于庄子可谓达于顶峰。庄子之外，稷下道家则又另辟蹊径。

《管子》四篇之论心，以〈内业〉最具代表性。〈内业〉中“心”字出现约33次，相当于“精”、“气”、“道”等出现次数之总和。这与《老子》恰恰形成鲜明的比照(《老子》中，“心”字出现9次，而“道”字出现约70次)。在老子思想体系中，“心”处于较为被动的位置，如第五十五章“心使气日强”。由于老子更注重客观的“道”，强调对道的客观依从，因此主体的“心”便不具有能动的品格。为了有效地依从道，便强调“常无心”、“浑其心”(第四十九章)。老子体系中这种“心”的内敛性，使得心对道的认识可能性发生了问题。但是“道”的确立，毕竟强化了对客观规律的尊重，并且具有制约侯王君主们的自我扩张和占有欲膨胀的意义。

老子的道论确立了宇宙本体论，其对心的忽略，则由战国道家加以补充。兹以〈内业〉为主，申论如下：

一、心受道——精舍

道充形于人，人得之以安，〈内业〉特别就此提出了道留驻于精舍的说法。所谓“精舍”，指的是静定之心与康健之身的结合，特别是心。

〈内业〉云:"道……卒乎乃在于心。"〈枢言〉篇也说:"道之在天者,日也;其在人者,心也。"这是说,人对道的接近,就是心对道的接近;人得之于道,就是心得之于道。

心有得道的可能,然则如何能使道驻于心中呢?〈心术上〉接着〈内业〉的"精舍"说,生动地将道驻于心中譬喻为"神将入舍"。它说这个"神"(即精气)好比尊贵的客人,如果馆舍(即心)"扫除不洁,神不留处"。洒扫庭堂,把"精舍"收拾干净,才能迎接"贵人",常驻其中。

"神将入舍"的譬喻,在于说明得道之要,厥在一心。〈内业〉通篇乃借着"修心"、"治心"、"安心"、"抟心"及"定心"等概念的提出,突显"心"在稷下道家对道论进行重要而独特的发展。

神圣之道内化于心。心之受道,这思路为日后宋明"道心"说开其端倪。

二、心的实体和特性

受道之心,稷下道家称之为"精舍",庄子则称之为"心斋",并将"心斋"提升而为高度的精神境界。至于心之体或心之形,则庄子似未及着意。

纵观先秦诸子之言"心",多就心之功能或善恶之分发其议论,对于心性之本身——所谓"心体",则甚少论及。惟〈内业〉似乎对这类问题有所涉入。

"内业",按字面的解释是"内心修养之业",就其哲学意涵探讨，可说“内业”即是“心本”[1]。所谓“心本”，一谓以心为本，一谓为心之本。以心为本是说“能知”之“心”为认识之本，“所知”之“物”依附于“心”，这是就认识论而言；就人生哲学而言，万事以养心为先。〈内业〉论养心，又特重养气，并视气为心之本。

〈内业〉心本论的提出，丰富了先秦道家的心学。下面分层来论述：

(一)心性说

〈内业〉主心性本虚之说，如第二章说“凡心之形，自充自盈，自生自成”，这即是说心性本虚，它有使精气充盈生成的本然可能性；下文说“心乃反济”，也就是指清除了后天情欲的侵扰，心便会重新复归于“虚”。〈内业〉常使用“充”字，而《文子》说“充虚接气”，《庄子》说“唯道集虚，虚者心斋也”，此皆可发明〈内业〉的心性本虚说。

〈内业〉论心，提出了“心之情”及“心以藏心”等饶有意趣的说法。其文曰：

> 凡心之刑(形)，自充自盈，自生自成……
>
> 彼心之情，利安以宁。
>
> 以心藏心，心之中又有心焉。

---

① 《史记·司马相如传》索隐：“业者，本也”。

彼心之心，意[①]以先言。

"心之形"，依字面是指心的形体或形态。究其实含有心之实体的涵义。〈内业〉认为心之实体是具有自我充盈、自我生成的本然性。

〈内业〉论心，尤引人注意的是它提出"以心藏心"的命题。所谓"彼心之心"、"心之中又有心"之说，是一种具有十分哲学性的提法。前一个"心"字，指的是与感官相对并为之主导的官能之心，而后一个"心"，在哲学思维的审思下，指涉一形而上之超越本心，有如老子所谓的"玄鉴"。本心即为心之实体。至于此心之实体究竟，〈内业〉除了提到它"自充自盈，自生自成"之外，并未进一层的描述。

〈内业〉谈到"心之情"，说："彼心之情，利安以宁"，这是说心的特性以安宁为利。〈内业〉认为安和是心之本性，虚静即是心之本然；它原本处于和谐安舒、圆满自足的本然状态，即是达于"和"的境界。然而我们的心，却往往由于受到外物的诱惑，在各种情绪欲望的翻腾纠结之际，原本安和之心性便因过度波动而遭受搅乱。因而，如何透过修养工夫，重新回归安和状态的本然之心，所谓"心乃反济"，便成为〈内业〉所关注的一大课题。

(二)心气说

〈内业〉首章"凡物之精"，先说"气"；第二章"凡心之形"，紧接

---

① 通行本"意"作"音"，据王念孙《读书杂志》校改。

着说“心”，此二章经纪全篇，亦可视为《管子》四篇之纲领，是为稷下道家心气之引首。

老子的“道”是无形无息的，它是宇宙的本体，是天地万物之本原，在冥冥之间作用于自然界与人类社会。〈内业〉用“气”转译老子的“道”，气则经由“心”的收集，凝聚而为生命的能量。〈内业〉说：“凡道无所，善心安爱〈处〉，心静气理，道乃可止。”这里讨论了“心”、“气”与“道”三者间之关联。

“气”虽为宇宙之元体，可以生成而主导万物，但如果不经过心对气的收聚，那么它将永远处在飘散的状态中；而“心”虽然为认识万物的主体，但它如果不能收聚精气，便不能“德成而智出”，也就因此失去认识宇宙的本然可能性。两者是相互依存的关系。修治心才能收聚气，而气的收聚又能反作用于心，使心能生出智慧并认识和把握宇宙万物。

心对气来说，包含着“受—失—求—存—发—反”这样六个过程。“受”谓兼受于天，即“凡心之形，自充自盈，自生自成”。“失”谓由于后天情欲侵扰而失去，即“其所以失之，必以喜怒忧患欲利”。“求”谓净洁心舍摄取精气，即“敬除其舍，精将自来”。“存”谓存思收聚，即“精想思之，宁念治之”。“发”谓精气之发散致用，即所谓“敬发其充”。“反”是承“发”而说，谓精气发散致用于外必不断返还以补充之，否则便是所谓“然而不反，此生之忒”。精气能否自觉地反复，是修治身心者是否达到安和境界的重要检验。

(三)心形说

老子强调道的重要性和人对道的体认,其于形体之修养亦兼有涉及,如“载营魄抱一,能无离乎;专气致柔,能如婴儿乎”(第十章)、“……比于赤子……骨弱筋柔而握固”(第五十五章)等。“营魄抱一”即是形神合一。〈内业〉“修心正形”、“正形摄德”的心形双修、形德交养之说,与老子“营魄合一”是同一思想脉络的发展。

老子的形体修炼是“专气致柔”,乃通过专气而达到如婴儿般的“骨弱筋柔”;而〈内业〉的心形双修则更强调“四肢坚固”、“筋伸骨强”、“戴大圜而履大方”。〈内业〉的形德交养也表达为“心全形全”,如“心全于中,形全于外,不逢天灾,不遇人祸”,这里的“形全”即是“筋伸骨强”、“四肢坚固”。庄子也有形全心全之说,如〈达生〉:“形全精复。”

〈内业〉不但强调“定心在中,四肢坚固”,而且认为“形不正,德不来”,两者相养相成。躯体的强健不仅是心神修炼的结果,也可促进道德精神的养护和提升;对此自信溢然的神态,或与北人先天的体格优势相关联,而稷下道家尚阳等观念,亦此之类。

稷下道家如此重视强健体魄对于一个人的修心摄德之重要性,这在先秦道家作品中显得十分突出,也是古代典籍中难得一见的。〈内业〉篇以“皮肤裕宽,耳目聪明,筋信而骨强”这样优美而有力的笔法,描绘着如此的人格气象。“大心而敢,宽气而广,独乐其身,意行似天”。我每次读到这些文句时,顿时觉着精神为之一振,同时总会联想起尼采笔下的查拉图斯特拉的昂然神态:

“翌日清晨，查拉图斯特拉从他休息之处跃起，束紧腰带，走出他的洞穴，强健且灿然，好似旭日升起于黑暗的群山之中……”①

〈内业〉强调心形双修、形德交养，因此提出“修心正形”、“正形摄德”等精辟的命题。不过，在心形两者的关系上，稷下道家明确阐述了“心”对其他官能具有主导性的作用（〈内业〉：“我心治，官乃治；我心安，官乃安。治之者心也，安之者心也”）。可见，如何修心是他们所关注的一个核心问题。

（四）心神专一的方法

所谓“心术”、“内业”，简言之，即是使精神得以专一的方法。修心之要，在于虚静、正定，而〈内业〉篇突出地强调培养心意专一的重要性。

〈内业〉和〈心术下〉强调心意的专一，如〈内业〉云：“一意抟心”；〈心术下〉云：“专于意，一于心。”它们写下了这样发人深省的语句：

> 一物能化谓之神，一事能变谓之智。（〈内业〉）
>
> 一气能变曰精，一事能变曰智。（〈心术下〉）

司马谈〈论六家要指〉盛赞道家的各种长处，其中一项便是赞

① 见尼采代表作《查拉图斯特拉如是说》最后一个部分（第四部分）的最后一个篇章〈信号〉。

赏“道家使人精神专一”。稷下道家此处所谓“一物”、“一事”[①]，便是意指专一于事、用心于物。凡事能够专一心志，投注精神于一事一物，积厚之功日久，熟能生巧，则出神入化，寓新意于变化之中。达到这种美妙的境地，称之为“神智”。在这方面，庄周也有许多类似的表述。例如《庄子》笔下所创构的庖丁解牛、梓庆为锯、痀偻承蜩等寓言，其技艺之精湛神巧，使“见者惊犹鬼神”。其要也都在于“巧专”，以及创造心灵达到“凝神”之境[②]。

可见南北道家同样地倡导“一物能化”、“一事能变”——静定其心、专一其意，投注于学艺、事业。不过庄子侧重在艺术创作心境的培养，稷下道家则多用心去修身持性及树功建业方面。

心志专一所强调的是一种心境上“正”、“静”、“定”的作用，〈内业〉对于静定与养性之关系，提出了一项以诗乐文化滋润心性的重要主张：

> 凡人之生也，必以平正。所以失之，必以喜怒忧患。是故止怒莫若诗，去忧莫若乐，节乐莫若礼，守礼莫若敬，守敬莫若静。内静外敬，能反其性，性将大定。

---

① 此处“一”有不同的讲解，有的笼统解作“道”，有的作因任讲；审诸文义，作“专一”解，于义为长。唐代尹知章注释“一”为“专一”。今人张舜徽从之（详见《周秦道论发微》，北京中华书局 1982 年版，第 238 页）。

② “巧专”、“凝神”之词见于〈达生〉。

稷下道家认为：人之心性呈现于本然的理想状态下，应以平和中正为主导，此亦即屡见于《管子》四篇中所谓“和”。道家各派皆重视心性之和，庄子有“心和”之说，并延伸至“天和”（宇宙之和谐）与“人和”（人际之和谐），认为宇宙的和谐与心灵的和谐，实为人际和谐之依据与根源。稷下道家认为人由天地之精气与形气和合而生（“凡人之生也，天出其精，地出其形，合此以为人”），并禀赋着天地的平正安宁的质性（“天主正，地主平，人主安静”）。因此，〈内业〉认为人的心性当保持和谐、平正的本然状态（“凡人之生也，必以平正”；“凡人之生也，……和则生，不和则不生”），并认为人应当保持心情的欢畅（“凡人之生也，必以其欢”），力图消除忧怒情绪的拘着。如此才能“反性”、“定性”——保持谐和的本性。

稷下道家除了要人戒躁、执静、节欲的通则之外，还特别提出透过诗乐的熏陶，以滋润人的心灵、提升人的精神境界，并以礼乐教化增进人的文化素养。如是，外敬以守礼，内静以养心，并济之以诗乐——这使得稷下道家“反性”、“定性”之说，有了较具体而充实的内涵。

稷下道家十分突显心意专一和静定的作用，认为静定工夫，可以使身心康健，心意专一可对外物起着君临主导作用。以〈内业〉为代表，稷下道家宣称静定可以养成强健开阔、志气昂扬的人格气概①，并

---

① 〈内业〉云：“人能正静，皮肤裕宽，耳目聪明，筋信而骨强，乃能戴大圜而履大方”；“能正能静，然后能定。定心在中，耳目聪明，四肢坚固”。

近乎夸张地宣说心志专一则“能君万物”，可以主使外物而不为物使①。

总之，稷下道家认为心志专一和静定，可以使人得到“道”，可以使人复性、定性，还可“照知万物”、“使万物得度”。这些主张又和其所说的养气论紧密地联系在一起。

贰、稷下道家之精气说

一、道具象化而为精气说

稷下道家继承了老子道论中的形而上之道，并将之转化，以“心”、“气”为主要论述之范畴，泛见于〈内业〉与〈心术下〉，从而成就了中国哲学史上极为著名的“精气说”。稷下道家之于老子形上之道的继承，可称之为“创造性的继承”，将原本抽象渺远之道具象化而为精气。所谓“精气”，即是指极精灵细微之气，如〈内业〉云：“精也者，气之精也。气，道乃生，生乃思，思乃知。”“精气”与“道”是异文同义的，如〈内业〉云：“夫道者所以充形也，……其往不复，其来不舍……卒乎乃在于心。”这里所指的“充形”之道，实指精气而言。

〈内业〉又云：“灵气在心，一来一逝。其细无内，其大无外

① 〈内业〉云：“执一不失，能君万物。君子使物，不为物使。”庄子也有类似的话，〈在宥〉篇云：“有大物者，不可以物；物而不物，故能物物”；〈山本〉篇云：“物物而不物于物。”

……心能执静，道将自定。”“灵气”即是“精气”，全句意谓若是能够执守静定，善加护养，精气自能留止于心，可见“道将自定”之“道”亦是“精气”之同义词。“一来一逝”乃描述精气之运动[①]；“其细无内，其大无外”则是谓精气弥漫宇宙，无所不在。

二、精气为生命之源

〈内业〉一开始便提到精气是万有本源的说法：

> 凡物之精，此则为生，下生五穀，上为列星。流于天地之间，谓之鬼神；藏于胸中，谓之圣人……

精气弥漫于天地之间，充形万物，人若是吸纳精气愈多，生命力便愈强，智慧便愈高。精气的留存虽然“忽忽乎如将不得，渺渺乎如穷无极”，可是如果在日常生活中“日用其德”，将精气所赋予的能量发挥在事业上，便能“德成而智出，万物毕得”。

敬守精气，使之不失，其所产生的巨大的作用，能够成就德性，完养智慧，且使万物得度[②]。故而〈内业〉一再宣扬，人应该虚静其心，保持抟气如一，以涵养其生命，便能借由精气之助，达到

---

① 〈内业〉屡言及“鬼神”，把鬼神解释为精气之流动，直接影响于〈系辞〉，〈系辞〉以精气变化来解释鬼神，明显源丁〈内业〉，如曰：“精气为物，游魂为变，是故知鬼神之情状。”

② “万物得度”类似孟子所说之“万物皆备于我”，孟子之说或出于此。

"德成而智出"的圣人气象[①]。

三、抟气说

《管子》四篇论气，在思想上首次提倡精气学说。此外，〈内业〉篇中还有颇多概念，诸如"善气"、"恶气"、"云气"、"灵气"、"宽气"等，皆有特殊之意涵。比如说所谓："善气"，即是将气之概念予以伦理化[②]。"云气"即"运气"，指调息体内之真气，〈内业〉认为如此便能"意行似天"，使得人之精神意气，往来自如，自由运行于天宇之间。实际上即是"抟气"之情境表现。《老子》第十章有所谓"专气致柔"，意思是集气至最柔和的境界，"专气"即后来稷下道家之"抟气"，〈内业〉有所谓：

> 抟气如神，万物备存。
>
> 内藏以为泉原，浩然和平，以为气渊。……乃能穷天地，被四海。

虚静其心，使得精神专一，集气于中，便能达于如神之化境，

---

① "德成智出"是稷下道家所提出的一个重要命题。稷下道家德、智并重的观念，却因老子反对智巧而被忽视。

② 反观庄子之气论与此则大不相同，庄子认为"气"是构成物体的基本原质，即使在"心斋"的意义下谈及"养气"之说，也完全散发着艺术之心境，并不赋予"气"任何伦理意涵。

穷天地，通四海，使得万物毕得于一己之内心。〈内业〉中关于诸如此类“抟气”之后所能达成之境界的描述甚多，如“大心而敢，宽气而广”、“宽舒而仁，独乐其身”等，均是就“抟气”所达成之人格气象所作的一种极度夸大的描绘。我们也可以在孟子有关“养气”的理论中发现，“养气”基本上是一种气之内聚的修养工夫，而其展现“万物皆备于我”的成效则是气之外放所造成的作用。从由内聚与外放的思考模式来比对孟子与稷下道家，孟子的气论思想极可能受到稷下道家的影响①。

总之，稷下道家的心气说有这样的一些特点。首先，将形上之道具象化而为精气，他们视精气为一切生命之源，认为护养精气不仅能使人健康、长寿，更可以积德成智，养育出一种昂然开阔、顶天立地的人格气象。其“抟气说”直接影响孟子；其“化不易气”的命题，在哲学史上具有重要的影响。

---

①　孟子谈“气”，是受了稷下学人告子的引发，告子或许是稷下道家的成员之一。孟子的心气说不仅是受人引发而非出于主动、自动的，而且从《孟子》整本书来看，它的气论是偶发性的，而《管子》四篇则是系统性的论述（参看白奚：〈管子心气论对孟子思想的影响〉，陈鼓应主编《道家文化研究》第六辑）。孟子气论受稷下道家影响，除郭沫若作品外，请参看白非马：〈管子·内业集注〉（载《管子学刊》1990 年第 1 期），陈鼓应：〈道家在先秦哲学史上的主干地位〉（载《道家文化研究》第十辑）。

《管子·形势》诸篇的黄老思想

汇编到《管子》书中的稷下道家作品，约有十余篇，其中最引人注目的莫过于〈内业〉、〈心术上〉、〈心术下〉及〈白心〉四篇——当代学者习称为《管子》四篇。此外，〈宙合〉、〈枢言〉常被研究黄老的学者讨论到，〈水地〉由于提出"水为万物本原"之故，也常被提及[①]。惟〈形势〉很少被学者计议在内，它可能是《管》书所收集的稷下道家作品中成书最早的一篇，内容颇具黄老学的特色。因而，笔者在讨论《管子》四篇之余，亦对〈形势〉等篇加以探讨。

笔者以为《管子》四篇（〈内业〉、〈心术上〉、〈心术下〉及〈白心〉）确可视为稷下道家代表作，无论各篇的独特性或彼此间的联系性，都可说是一组相当完善的组合，而且四篇的整体思想也最切合司马谈〈论六家要指〉所论述的黄老道家思想特色。而〈形势〉、〈宙合〉、〈枢言〉及〈水地〉诸篇，则可与〈内业〉等四篇相互彰

---

① 《管子》四篇（〈内业〉、〈心术上〉、〈心术下〉、〈白心〉）被视为稷下道家最重要作品，学界已形成共识，如冯友兰：《中国哲学史新编》（台北蓝灯出版社 1991 年版，第 215 页）论稷下道家黄老学便以四篇为代表，同时也引〈枢言〉、〈宙合〉、〈水地〉文字以申论稷下黄老精气说。

显,同时也可从其中窥见老学发展到黄老学的思想线索,故而笔者拟专文介绍,以增进我们对稷下道家思想内涵的认识。下文对〈形势〉、〈宙合〉、〈枢言〉、〈水地〉各篇中黄老思想的特点,分别加以阐释。

壹、〈形势〉篇黄老思想的特点

〈形势〉由地形之势态喻人主之势位。本篇主旨在论君道宜如何善用势位。此外提出"主功有素"、"道定万物"及"德威并用"等君道思想,兹分述如下。

一、"虎豹托幽"——论势

〈形势〉开篇便以"蛟龙得水"、"虎豹托幽",隐喻君道之重势。接着申言天地四时自然运行有其规律("常"、"则"),人事亦然。在上者,理民的常则即是抱道执度(所谓"上无事,则民自试;抱蜀(独)不言,而庙堂既修")。

综观先秦论"势",可分三派:(一)以道摄势派:〈形势〉首论"势",而继之以"无事"、"无言"、"无为"之道。无为之道纲领全篇,统摄势。(二)以贤摄势派:《荀子·劝学》:"西方有木焉,名曰射干,茎长四寸,生于高山之上而临百仞之渊。木茎非能长也,所立者然也",此论势;〈强国〉篇又说"处圣人之势,得圣人之道,大下莫忿,汤武是也;处圣人之势,不以圣人之道,厚于有天下之势,索为匹夫不可得也,桀纣是也。然则得圣人之势者,其不如圣人之道远矣”,此说“圣人之势”不及“圣人之道”;〈君道〉篇说“明主急得其人,而暗主急得其势。急得其人,则身佚而国治,功大而名美,上可以王,下可以霸;不急得其人而急得其势,则身劳而国乱,功废而名辱,社稷必危”,此论“圣人之道”即尚贤之道。(三)任势轻贤派:《韩非子·难势》先引用《慎子》“飞龙乘云,腾蛇乘雾,云罢雾霁,而龙蛇与螾蚁同矣,则失其所乘也。贤人而屈于不肖者,则权轻位卑也;不肖而能服于贤者,则权重位尊也。尧为匹夫,不能治三人;而桀为天子,能乱天下。吾以此知势位之足恃,而贤智之不足慕也”,然后说“夫贤、势之不相容亦明矣”、“势之足用亦明矣”。

由此可见,黄老虽然重势,却属于以道摄势派,而异于法家之任势轻贤。

二、“主功有素”——无为而治

〈形势〉首章便出现许多道家常用语汇,如“无事”、“抱独”、“不言”、“独有”[①]。“无为”、“无事”、“不言”,皆《老子》常用语词,暗喻人君不以主观意志行事。〈形势〉作者则将它引向阐发黄老之君道,并提出“夜行”、“主功有素”等黄老政治哲学的重要概念

---

① “抱独〔蜀〕”,即《老子》“抱一”。“独有”概念见于《庄子·在宥》篇:“明乎物物者之非物也,岂独治天下百姓而已哉!……独往独来,是谓独有。独有之人是谓至贵”。

与命题。

“主功有素”[1]，是说君主的功业成就在于保持素心素行。“素”，为《老子》所推崇（第十九章：“见素抱朴”），故而素心即虚心，保持心境之虚，即保持开放的心胸；素行，即是“无为而治”。黄老的无为而治，就是依君道分工原则：人君抱道执度，臣下则分职任能而行事。

三、以“道定万物”——论道之用

〈形势〉除了以老子的“无事”、“不言”而引申出“主功有素”的君道思想外，还吸收了《老子》“戒矜伐”[2]及其“施予”[3]的观念，从而倡言：“伐矜好专，举世之祸也”；“能予而无取者，天地之配也”。

万物本原之“道”，是道家各派所共同推崇的，〈形势〉亦论及之。其言曰：

> 道之所言者一也，而用之者异。有闻道而好为家者，一家之人也；有闻道而好为乡者，一乡之人也；有闻道而好为国者，一国之人也；有闻道而好为天下者，天下之人也。有闻道

---

① “主功有素”之上下文句脉络原是：“牺牲圭璧，不足以飨鬼神；主功有素，宝币奚为。”主要是在说用牛羊玉璧献祭，不一定会得到鬼神的庇佑；名主成就事功在于保持空灵的心境，而不在于用玉器钱帛厚祭神灵。故正文中所谓“主功有素”，因之而指涉为“君主的功业成就在于保持素心素行”。

② 《老子》第二十二、二十四章。

③ 《老子》第七十七、八十一章。

而定万物者，天地之配也。道往者其人莫来，道来者其人莫往。道之所设，身与之化也。持满者与天，安危者与人。先天之度，虽满必涸；上下不和，虽安必危。

道体一，而其用多方。在道的体用问题上，此处着重在道之用。道之用，由家而乡而国而天下的次序，与老子论道的流衍扩散的次序完全一致[①]，而道的施用范围之大小，黄老作品常有此论，如《黄帝四经·道原》云："小以成小，大以成大"，又如《黄帝四经·十大经·前道》云："正道不殆，可后可始。乃可小夫，乃可国家。小夫得之以成，国家得之以宁；小国得之以守其野，大国得之兼并天下。"

〈形势〉作者以"道定万物"为最高层次——即可达于"天地之配"的高度。所谓以"道定万物"，意为道可使一切物种皆能正定其性。

"道之所设，身与之化"，意为道之所在，让人们参合于它的运动变化。老子有言："反者道之动。"道体之动为"周行而不殆"，所谓"身与之化"，即人之自强不息，乃体现道之周行不殆。

再则所谓"持满者与天，安危者与人"，其意为使完满保持守定，乃契合天道；使危亡转为安泰，则需顺应民心。黄老论天人关系，倡言天道与人道之相合，其托天道乃在明人事，而论及人事，

① 《老子》第五十四章。

此处强调上下要“和”。和谐观念——无论“天和”、“人和”或“心和”，均为道家各派所极度重视[①]。

四、德威并用

〈形势〉有言：“且怀且威，则君道备矣。”

〈形势〉讲威势，亦宜扬怀德。德威并用，是黄老君道的重要主张，黄老帛书《黄帝四经》屡言之，如〈十大经·果童〉说：“静作相养，德虐相成。”〈十大经·姓争〉说：“刑德皇皇，日月相望，以明其当。天德皇皇，非刑不行；缪（穆）缪（穆）天刑，非德必倾。刑德相养，逆顺若成。刑晦而德明，刑阴而德阳，刑微而德章（彰）。”在“刑德相养”之中，黄老又提倡“先德后刑”，这是黄老道家和三晋法家的不同处。

〈形势〉采格言式体裁，体例与帛书《黄帝四经·称》相近。篇中章节之间所表述的内容，并无一定联系。上文采其要项阐释之。此外，另有数则警句，简介如后：

（一）贵重：其言曰：“道之用也，贵其重也。”这是暗谕人主行事宜慎重，行为宜厚重。

（二）戒独：其言曰：“独王之国，劳而多祸；独国之君，悲而不威。”所谓“独王”，是说专断独裁的君主；“独国”，是指孤立的国

---

① 参看拙文〈道家的和谐观〉，刊在《道家文化研究》第 15 辑，北京三联书店 1999 年版。

家。此处告诫主政者不可专断独行。

（三）异趣同归：其言曰："疑今者察之古，不知来者视之往。万事之主也，异趣而同归，古今一也。"历史是过去的现在，所以说察古视往可以为现在借鉴，也可为未来参照，这是富有历史意识的话语，道家多有此论，如《列子·说符》谓："观往以知来"；《黄帝四经·称》曰："观前知反。"《周易·系辞》云："彰往而察来"，乃同一思路。

本篇开篇说："天不变其常，地不易其则，古今一也。"结语谓："异趣而同归，古今一也。"而本章开首曰："道之所言者一也，而用之者异"，此处归结为"异趣同归"。"异趣同归"之说，反映了百家争鸣而百谷汇江海之旨，这精神为〈系辞传〉所继承（〈系辞下〉云："天下同归而殊途，一致而百虑"）。

（四）"夜行"、"心行"："夜行"、"心行"为黄老独特概念[①]。"夜行"见于篇首，"心行"见于篇末，其言曰："召远者使无为焉，亲近者言无事也，唯夜行者独有也。""四方所归，心行者也。""夜行"与"心行"同义[②]，默而行道之意。"夜行"或释"阴行"，这是就道的性状而说；"心行"则是就道的应用而言。道之行贵在微晦，故微晦而行用道者谓之"夜行"；微晦行道而不著，则莫过。

---

① 本篇"夜行"概念为《鹖冠子》所继承。今本《鹖冠子》第三篇篇目即为〈夜行〉，篇末云："圣人贵夜行。"

② 〈形势解〉以"能心行德"释"夜行"。

贰、〈宙合〉篇黄老思想的特点

〈宙合〉体裁特殊，为纲目体。第一部分为经，提出十四条纲要；其他则分章作解。〈心术上〉亦分经和解，文体结构和本篇相同。本文将经文和解文合并，阐释其要义。

一、君佚臣劳

〈宙合〉经文文义多隐晦，而解文的阐发则观念彰显明确。首章经文："左操五音，右执五味。"此乃隐喻上下职责之别，解文则明确指称："此言君臣之分也"；进而提出"君佚臣劳"的观念。其言曰：

> 君出令佚，故立于左；臣任力劳，故立于右。……君臣各能其分则国宁矣。

这里首次提出黄老政治哲学中一个重要的主张："君佚臣劳"。

"君出令佚"、"臣任力劳"，黄老强调国君的职责在于掌握重大政策而依法行事，各级官吏则依其职能来分层负责处理政事。这是根据君臣分工原则而提出的。

君主要在掌握政策发出政令。此外，主观方面，要克制自己的私欲（“无齐（济）其欲”），不要亲近自认为是的人（“无独与是”），对臣民要做到“施而无私”。客观方面，要做到所出令号没有违法（“出令无妄”），并且要顺应各种客观情况，顾及不同阶层人的利益和愿望，这样才能取信于民，获得各级人等的认同而达到社会人心和谐之境——所谓“不同声而能调”、“不同物而能和”。若主劳臣逸，上下权职不明，则易导致政局不安，经济下滑，人心动荡。

二、章道以教，明法以期

“怀绳与准钩，……是唯时德是节。”经文以“绳”、“钩”隐喻法度；解文则显说制度举措（“制举”）。

制度法规需由人来运用，则人的素质有待提高。故而“章道以教，明法以期”，成为首要任务。

高素质的执法者，此处称为“圣人”。解文曰：“天湑阳，无计量；地化生，无泮崖。所谓是而无非，非而无是，是非有，必交来。……圣人博闻多见，畜道以待物；物至而对形，曲均存矣。……言遍环毕‘善’，莫不备得。……成功之术，必有巨获；必周于德，审于时。时德之遇，事之会也，若合符然。”

这里对执法的主政者提出了几方面的期许：

一是主政者需体认天地化育之功，以培养化育万民的心怀（所谓“天湑地化”正是老子“道生德畜”精神的引申）。

二是主政者需“博闻多见”，畜养道心以迎接所出事物（“畜道以待物”)。

三是主政者不可混淆是非,要了解“是”的可行性,同时要认识是与非的相对关系。所谓“是非必有交来”,“交来”即是交并而来,这有如老子所说“有无相生”、“高下相倾”,用以说明事物的对待关系。一方面要了解世间常有许多难以察见的因素会突然降临,同时要认清局部与全体的状况,并对偏与全的关系审虑周详以衡量其轻重急缓。

再则主政者“必周于德,审于时”。〈宙合〉强调法度与时德的重要性。解文认为:成功之道,在于厉行法度[1],其关键则在“时”、“德”。所谓“德”,即指主政者的品德修养与见识。所谓“时”,意指明察时代的动向、客观情势以掌握民心背向。

总之,主政者“明法以期”之外,尤要“章道以教”。重教化,是稷下黄老和齐法家的一个重要的传统。

三、操分葆统

引法入道是稷下黄老在先秦道家阵营中的一个突破性的发展。

自古以来,“法制”也者,常流于统治者以法制人而自身却超然于法外。政权掌握在谁手上,谁就垄断了发言权,并制定法规维护自身而框牢敌对者及范限民众。老庄针对这种现象多所抨击。法律本身不会说话,制定出来,用以制人或服务于人,全赖掌

---

① 成功之术,必有巨获。“巨获”读为榘矱,即法度。

权者的诠释。因此法度纲纪建立的同时，亦需重视掌权者的品德修养和素质提升。稷下道家则较着眼于这些方面。

〈宙合〉经文云："正而(尔)视，定而履，深而迹。"意为端正人的品行、深化人的修养，其语境意义则谓主政者宜公正审察、坚定职守、行事踏实。解文则进一步提出"操分葆统"。所谓"操分"，即是操持名分；"葆统"，即是保持纲纪。〈宙合〉作者强调在上者要能"操分葆统"，世人才能"循理"而进。

四、指意要功

"操分葆统"之外，稷下道家提出"指意要功"的观点。

〈宙合〉经文云："可浅可深，可浮可沉，可曲可直，可言可默。天不一时，地不一利，人不一事。"其意为天地间事，形态各别，内涵不一。人事亦然，故浅深、浮沉、曲直、言默，均当宛转随宜。

"天不一时，地不一利，人不一事。"这说明世事的多样性，道家多有此论[①]，而〈宙合〉作者别将"天不一事"、"人不一事"的道理，引申为黄老著名的职能分工的论点，即为政当各司其职，各尽其宜("各有其司"、"事之不可兼之")。解文并提出"指意要功"之说[②]，认为主政者行事需抉择要意以求取功效。作者并进而论说

---

① 如《庄子·至乐》云："圣人不一其能，不同其事。"《列子·天瑞》谓："天地无全功，圣人无全能，万物无全用。故天职生覆，地职行载，圣执教化，物职所宜。"

② "指"，应读稽，计也。"要"同"邀"，求取之意。"稽意"即抉择其要意。"邀功"即求其最佳功效(据于省吾《管子新证》之说)。

明察于事者，广通于道，不拘泥于某一个别之物。而通道的人能照顾到多方面（“殊方”），并广举多方的事例，比较它们的功效（“多为之说，而况其功”）。

五、易政利民

人治之弊，需尚法以谋救济。然徒法不足以自行，除提升执法者的素质外，尤需营造一个平和的政治空气。于此〈宙合〉作者特别提“政易民利”的呼吁。

经文云：“谩充末衡，易政利民。”[①]此由心中充实，耳目平衡，而言及“易政利民”。

经文由身正而隐喻国治，解文发挥此义，由身体官能之各有所司，突出心的特殊作用。其言曰：“中正者，治之本也。耳司听，……目司视，……心司虑，……聪明以知则博。”这里说到心和耳目各有所司，认为心具有思考、语言和知识的特殊功能，且为“治之本”。如此，则与〈心术上〉相近，该篇开宗明义地说：“心之在体，君之位也；九窍之有职，官之分也。心处其道，九窍循理……”〈心术上〉以心与形之不同作用，譬喻君与臣之不同职分，旨意更为明确。

〈宙合〉论“心司虑”时，强调要慎言、重知。“重知”，为黄老派

① “谩”谓心。“谩充”，中充，即心实。“末”，谓耳目。“衡”，平正。

特点[①],先秦道家中,老庄较留意它的负面作用,黄老则着重它的正面意义。

再则,〈宙合〉解文谓:“聪明以知则博,博而不惛,所以易政也。政易民利,……政险民害……。”此言主政者要明智,明智才能博采众议,而广开言路是创造宽松政治环境的重要条件。

六、与变随化

道家的政论与人生论,和它的宇宙观是相应的,〈宙合〉作者提出“与变随化”、“合络天地”的命题,正是道家宇宙观的反映。

〈宙合〉经文云:“不用其区区,鸟飞准绳。”其意为圣人之治,不用区区小术,要有开阔的眼光;鸟的飞行虽有曲折却无碍大道,可作为人的行为的准绳。解文将经文分两段诠释。

“不用其区区”,经文原意为主政者当弃小术而因时作为,解文则从“虚”、“与时随化”及“参于天地”三方面阐发。

解文曰:“‘不用其区区’者,虚也,人而无良焉,故曰虚也。”所谓“不用其区区”,原本意含着主政者不拘限于狭窄的地域观念,不囿于族群意识,解文则突出“虚”,而以“人而无良”[②]来解释“虚”,告诫揽权在身的主政者切勿流于妄自尊大,故而此处专就“虚己”而言“虚”[③]。“虚己”之外,要因时,要与时随化——参与

① 重智(“知”)说,另见于〈枢言〉、〈心术上〉等篇。

② “无良”,不以己为能,即不自逞其能。

③ “虚己”之义,见于《庄子·山木》。

时代的变革，因应事物的发展。

理想的主政者，要在持守“虚”道，因时而“与变随化”，乃能与天地精神相参配。所谓“圣人参于天地”，此乃以主政者德泽长流而滋润普施万物（“德之润泽均加于万物”），被赞许为达于天地的境界。

〈宙合〉谓“圣人参于天地”，〈形势〉尝言：“必参于天地”、“天地之配”；马王堆黄老帛书《黄帝四经》亦言：“天下太平，正以明德，参之于天地，而兼覆载而无私也。”黄老这种“参于天地”的精神，为《中庸》所直接继承[1]。

〈宙合〉经文所谓“鸟飞准绳”，解文以伟大人物行为之义理来阐释，写出这一富有哲理的警语，如“苟大意得，不以小缺为伤”、“千里之路，不可扶以绳；万家之都，不可平以准”、“大人之行，不必以先常”。

先秦诸子，言论多出于救世心怀。战国中晚期，在现实政治层面上，法家和儒家的对立常出现改革与保守之争。小儒拘拘，常泥于固常，〈宙合〉此处宣称：“大人之行，不必以先常”，呈现了黄老与法家人物改革的魄力。

---

① 《中庸》：“可以赞天地之化育，则可以与天地参矣。”此处“与天地参”思想，直接源于黄老道家。《中庸》一书，其思想观念不少承自道家，详见拙文〈道家在先秦哲学史上的主干地位〉，刊在陈鼓应主编《道家文化研究》第十辑，上海古籍出版社 1996 年版。

七、"合络天地"——宇宙意识

孔子以泰山为高，庄子眼中则以"太山为小"①。战国时人的世界眼光，从《庄子》的〈秋水〉和〈天下〉篇所描绘的宇宙之无限性可得知，稷下道家亦然②，其言曰："'天地，万物之橐也，宙合有橐天地'。……宙合之意，上通于天之上，下泉于地之下，外出于四海之外，合络天地，以为一里。散之至于无间，……是大之无外，小之无内。……多内（纳）则富，时出则当。而圣人之道，贵富以当。……应变不失之谓当。"

〈宙合〉即合络宇宙，篇题立意于此。所谓"宙合之意"："合络天地，以为一里"、"大之无外，小之无内"，弦外之意，主政者当胸怀宇宙而立足中国、放眼世界。"多纳"、"时出"等语，乃总结全篇主旨，主政当局宜广纳众议，以民意为依归；政举发布，当合时宜，如此应时而变，谓之"当"。"当"是黄老道家喜用的一个特殊概念。

---

① 《庄子·齐物论》。

② 《庄子·秋水》云："计四海之在天地之间也，不以礨空之在大泽乎？计中国之在海内，不以稊米之在大仓乎？"这里对宇宙的无限性与具体事物的局限性的描绘，在古代思想史上确是罕见的。〈天下〉篇载惠施言："至大无外，谓之大一；至小无内，谓之小一。"这说法亦屡见于稷下道家作品，如〈内业〉云："其细无内，其大无外"，〈心术上〉云："其大无外，其小无内。"

叁、〈枢言〉篇黄老思想的特点

〈枢言〉即枢要之言，将修身治世之语录集结成篇。全篇似乎没有一个中心主题，但篇中提出不少重要的论题和观念，兹择要分述如下：

一、气的重要性

〈枢言〉开篇托言于管子曰："道之在天者，曰也；其在人者，心也。"接着说："有气则生，无气则死，生者以其气；有名则治，无名则乱，治者以其名。"

篇首推崇作为宇宙实体、万物本原的"道"，在自然界就如太阳之照耀人间，在人身则有如心之主导生命。而生命的维持有赖于"气"，社会秩序的维护则有赖于"名"，所以说："生者以其气"、"治者以其名"。

中国哲学史上，有关古代气论的讨论，学者们总会引述《庄子》外篇〈至乐〉和〈知北游〉的论点。〈至乐〉载庄子妻死，忘却死亡之忧，以为生死乃气的聚散[①]。一如〈知北游〉所说："人之生，气之聚也；聚则为生，散则为死。"〈枢言〉也简明地说："有气则生，

---

① 见《庄子·至乐》："杂乎芒芴之间，变而有气，气变而有形，形变而有生，今又变而之死。"

无气则死,生者以其气。"〈枢言〉此处标出"故曰",明示引述他人之言,其本于《庄》书不无可能。

二、阴阳两生参视

道家的万物生成论是以阴阳为基本范畴,〈枢言〉提出了"阴阳两生参视"的重要命题。其言曰:"凡万物阴阳两生而参视,先王用其参而慎所入所出。以卑为卑,卑不可得;以尊为尊,尊不可得;桀、舜是也。先王之所以所重也。"

这是对《老子》第四十二章万物生成论的概括。"阴阳两生",即老子所谓"万物负阴而抱阳";"参视",即是说万物禀阴阳而生[①]。惟〈枢言〉此处并非意在探讨万物生成,而在强调考察事物的对待关系,故下文云:"先王用其参而慎所入所出。""参"同"三","出入",指相互对待的两个方面。其上下文义是谈万物发生乃遵循着由阴阳这两个相互对待的因素相生而成的第三个事物的序列,所以先王根据这合成的第三个事物的内在性质去慎重观察其中所包含的相互对待的两个方面。

三、天地人各有所"使"

先秦道家常论及天地人关系,黄老道家的特点是在他们的整

① "参"即"三";高诱注:"视,活也。"故"阴阳两生而参视",其意为阴阳两者相合,继而形成第三种新生事物。

体性中强调其各有所司，这是由于主张职能分工的缘故。如〈枢言〉说："天以时使，地以材使，人以德使，鬼神以祥使。"天、地、人、鬼神并列，屡见于黄老文献，影响到〈彖传〉。如黄老帛书〈十大经·前道〉云："圣人举事也，合于天地，顺于民，祥于鬼神"；〈十大经·行守〉云："天有恒干，地有恒常，与民共事，与神同光。"〈彖传·谦辞〉亦以四道并陈："天道亏盈而益谦，地道变盈而流谦，鬼神害盈而福谦，人道恶盈而好谦。"

四、尚阳说

先秦儒家罕见"阴阳"，《论语》、《孟子》未及一见，《老子》贵柔，可说尚阴；尚阳之说，则见于黄老作品。如《文子·上德》曰："阳灭阴，万物肥，阴灭阳，万物衰；故王公尚阳道则万物昌，尚阴道则天下亡"，此说或本于〈枢言〉，其言曰："先王用一阴二阳者，霸；尽以阳者，王；以一阳二阴者，削；尽以阴者，亡。"这是古代尚阳说的一则珍贵的文献。由尚阳而尚刚，亦可由此看出〈彖传〉思想观念发展的线索。

五、人之心悍，故为之法

诸子起于礼崩乐坏的时代，百家对礼法之治则各抒己见，老庄常从治者用之以钳制人心的立场发表议论，道家的黄老一系则多从政治功能与社会作用角度加以倡导。〈心术上〉解文有一段论及礼法与道的关系，曰："礼者，因人之情，缘义之理，而为之节文者也。……事督乎法,法出乎权,权出乎道。”〈枢言〉也有一段类似的说法:“人故相憎也,人之心悍,故为之法。法出乎礼,礼出乎治。治、礼,道也。万物待治,礼而后定。”

两者对比,都认为礼、法出于道,这是稷下道家在“道”的前提下引进礼法以治世的共同主张。〈心术上〉着重说礼之因顺人情的重要性,并兼顾情与理的平衡。礼和法的关系,似乎平行对待。而〈枢言〉则明确说“法出于礼”,并对法的设施,乃因人心本“悍”而相生憎恶,故需立法以制之,这说法一方面论及法律制定的缘由,另方面探及人心本质的问题。所谓“人故相憎”、“人心之悍”,此说或为荀子性恶论之所本。

肆、〈水地〉篇黄老思想的特点

〈水地〉在中国哲学史上首次提出“水为万物本原”的学说,这学说的问世虽晚于希腊第一位哲学家泰勒斯,但泰勒斯仅遗留片语只字,而〈水地〉则有着周详的论述。

由于1998年湖北郭店竹简〈太一生水〉的公布,〈水地〉更受到学者的讨论。〈太一生水〉古佚书的问世,使学界关注到古代道家的宇宙生成论及本原说,除了尚气这一系统外,还有尚水说这一系向来被忽视。〈水地〉尚水外,还论及稷下道家另一重要的“精气”概念。

尚水说可源于老子,《老子》贵柔,以为水性柔能胜刚(见第七十八章),“以其善下”,故能纳众(见第六十六章),并盛赞“水善利万物而不争;处众人之所恶,故几于道”(第八章)。《老子》以道为万物本原,〈水地〉乃以“几于道”的水,为万物本原,可见〈水地〉与老子哲学思想有密切联系。

一、水者地之血气

〈水地〉开篇论水和地的重要性,谓“地”为各种动植物生命畜养的苑囿(“诸生之根菀”),“水”则是大地的血脉(“水者,地之血气”),接着申述水性材美具备(“水具材”),具有仁、义、精、正、卑下等美德[①]。

〈水地〉作者盛赞水对万物的功用;指出万物取度于水,众生取足于水,各物得水而丰华茂盛、文理彰著。

二、男女精气合而水流形

〈水地〉提出一则“精气合而水流形”的说法,其言曰:“人,水也。男女精气合,而水流形。”

所谓“男女精气合,而水流形”,这是说男女合精而禀赋生命,生命则于水中流动成形。这里,再度强调水在作为万物之灵的人的生命中的重要性。

---

① 冯友兰说:“〈水地〉篇和《老子》不是说水也有道德的属性,他们只是说,水有这些属性,人的道德属性可以为法。”《中国哲学史新编》第二册,人民出版社 1984 年版,第 202 页。

稷下道家在中国哲学史上以其提出精气说而受到学者的注意。若〈水地〉成书早于〈内业〉,则"精气"概念为古代文献中之首出者。而"男女精气合"的命题,则属于道家万物化生论的范围[①]。

三、水者万物之本原

〈水地〉篇首说:"地者万物之本原,诸生之根菀也",而通篇则论证水为"万物之本原也,诸生之宗室也"。由于地是现象界中承载万物最巨大的形体,地之所以能成为各种生物植根的园地,归根结底,有赖于水的滋养。水在大地就如血液在人体中流动,它"集于天地而藏于万物",成为从自然界到生命世界不可或缺的基质。

〈水地〉作者从金石、鸟兽到人类,论证了水的"无不满,无不居"。金石中以玉为例,玉之所以为人所贵,由于它具有九种高贵的品质,而"九德"的形成,都离不开水分。动植物亦然,"集于草木,根得其度,华得其度","鸟兽得之,形体肥大,羽毛丰茂"。至于人类,乃因男女精气交合,也是由水流布而形成胚胎,发为九窍。总之,"万物莫不以生",而万物之充满生机,保持常态,正是由于水适度地内含于其中的缘故("万物莫不尽其几,反其常者,

---

① 如《列子·天瑞》:"天地含精,万物化生。"道家精气化生万物说,为《易传》所本,如〈系辞〉云:"天地细缊,万物化醇;男女构精,万物化生。"

水之内度适也”)。

四、水质与民性

〈水地〉篇末出现一段有关水质形成民性的论述：

> 夫齐之水，遒躁而复，故其民贪粗而好勇；楚之水，淖弱而清，故其民清票而敢；越之水，浊重而洎，故其民愚疾而垢；秦之水，泔取而稽，淤滞而杂，故其民贪戾，罔而好事；齐晋之水，枯旱而运(浑)，淤滞而杂，故其民谄谀葆诈，巧佞而好利；燕之水，萃下而弱，沉滞而杂，故其民愚戆而好贞，轻疾而易死；宋之水，轻劲而清，故其民简易而好正。

这段文字十分特殊，为古代文献中首次看到地区水质与民性关系的论述。它不仅反映了〈水地〉作者对各国地区的水质影响民风作了一番客观的考察，另方面也透露了作者对各地区民性民情的论断有着主观的评价。由此可见两个重要讯息，一是从各种民性的评价中，可以窥见〈水地〉作者的籍属问题；二是从论述中所罗列的各诸侯国中，可以判断作品成书的时代。

〈水地〉论述中列举了七个诸侯国，即齐、楚、越、秦、晋、燕、宋。从这东周诸国并列中，显示出作品产生于战国时代。春秋时期的鲁、卫、陈、蔡，都已退出历史的舞台；吴越称雄的年代亦已成过去，可见〈水地〉不可能成于春秋末期，而应出现于战国七雄并起的年代。惟旧本文中有多处传抄时衍误，如“齐之水”文后复出现“齐晋之水”，“齐晋”之“齐”显是衍文，黄钊教授曾有专文考订，指出“齐晋之‘齐(齊)’乃‘参’(即‘叁’字)之误，因‘参’，古写作‘叁’，‘齊’，古写作‘亝’，两字仅一笔之差，形极相似，故误”[①]。黄文考证〈水地〉可能成文于公元前376年至前355年之间，时当战国中期。

〈水地〉主旨在于论证水为“万物之本原”，而作者仍不忘其治世之意，故文末倡说“水一则人心正，水清则民心易”，结语则谆谆告诫世人：“圣人之治于世也，其枢在水。”这正昭示黄老治世的心怀！

伍、〈形势〉诸篇与老学思想的渊源

稷下道家在学术渊源上属于战国道家的黄老一系，这一系人物以老子哲学为基础，发展出一套富有时代精神的治世思想。司马谈〈论六家要指〉所推崇的道家，主要指黄老这一系。论其宗旨，以治身为本而以治世为目的，其治世之方，一是“以虚无为本，以因循为用”，二是“与时迁移，应物变化”，三是君道要在君臣分工——主上无为而臣下有为，四是采各家之长。〈心术〉等四篇内

---

① 见黄钊:〈《管子·水地》考论〉，刊在陈鼓应主编《道家文化研究》第二辑，上海古籍出版社1992年版。

容正反映了〈论六家要指〉所论述的道家旨意，而〈形势〉、〈宙合〉诸篇也有着个别部分不同程度的体现。

〈形势〉诸篇的黄老思想，已分篇阐述如上。这里再从道家内部流派上作两个方面的思想联系：一是从〈形势〉诸篇与老学的渊源上，看老学发展到黄老之学的思想线索；二是从〈心术〉等篇为参照点，对比其共通性。先说前者。

一、论道

老子首创万物本原的道，为战国道家各派所共同推崇，〈形势〉诸篇也不例外。

〈形势〉云："道之所言者一也，而用之者异"，道体为一而所用不同——闻道有用之于家，有用之于乡，有用之于国，有用之于为天下。〈形势〉并从无为、自然、无形之观点以言用道，谓："其道既得，莫知为之；其功既成，莫知其泽之；藏之无形，天之道也。"此论道之用，均与老义相和。

〈宙合〉谓："道也者，通乎无上，详乎无穷，运乎诸生。"所谓道上通无限，广及无穷，即是《老子》"道大"的表述[①]；老子言道意在施用[②]，〈宙合〉所谓"运乎诸生"，以及〈枢言〉所谓："爱之、利之、益之、安之，四者道之所出"，〈水地〉所谓："卑也者，道之室"，无不

① 《老子》第二十五章："大曰逝，逝曰远，……故道大……"

② 见《老子》第四章"道冲而用之或不盈"；第六章"绵绵若存，用之不勤"。

着眼于道之用。

二、戒矜伐

老子以“谦下”、“取后”之风传世，其著书屡在告诫人君勿自矜自伐[①]，黄老学者做了广泛的发挥。如〈形势〉谓：“伐矜好专，举世之祸也。”〈宙合〉谓：“以琅汤〔浪荡〕凌轹人，人之败也常自此。”“故盛必失而雄必败。”〈水地〉谓：“人皆赴高，己独处下，卑也。”〈枢言〉谓：“帝王者，审先所后，先民与地，则得矣，先贵与骄，则失矣。”这正合《老子》“富贵而骄，自遗其咎”之警惕，凡此皆可见黄老继承老子之遗教而谆谆告诫人主骄矜必失的道理。

三、“无事”、“不言”之引申

〈形势〉诸篇，除共同发扬老子之道及戒骄矜之说外，还对老义有不同的引述。如〈形势〉援老子“不言”、“无事”之旨意，以引申其君上无为而臣下有为的主张。《老子》的警句：“五色令人目盲，五音令人耳聋，……驰骋畋猎令人心发狂。”（第十二章）〈宙合〉用以警惕君主勿贪取耽乐，其言曰：“上之亡其国也，常迩其乐，立优美，而外淫于驰骋畋猎，内纵于美好音声。”〈枢言〉多处阐释老义，如谓：“为善者，非善也。善无以为也。”这是援用老子无

---

① 《老子》第二十四章：“自伐者无功，自矜者不畏。”

心而为之意[①]。又如："贵之所以能成其贵者，以其贵而事贱也。"这是《老子》"贵以贱为本"（第三十九章）之义。再如〈枢言〉有句著名的哲学命题："凡万物阴阳两生而参视"，这是对《老子》万物生成论的总结[②]。〈水地〉则全篇在赞扬水性，与老子思想尤有密切关系。篇中"廉而不刿"之语正引自《老子》（第五十八章）。

略言之，稷下黄老在道论方面，较少关注生成论问题，而着意于道用之阐发（如道之无为、谦下的作用），这可说是从老学到黄老越发向社会倾斜的一个总趋势。

陆、从〈心术〉四篇与〈形势〉诸篇之对比

〈心术〉四篇从内在思想的联系性看，可视为一个整体的组合。相较之下，〈形势〉各篇则为独自撰作的个别单元。然从这些个别单元之中也显现出不同的黄老学者在一些观念上的互通性。

一、气与精气

〈内业〉主旨在论气、心，并提出"精气"为生命本原之说。〈枢言〉开篇便说心、气的重要性。〈水地〉则提出"精气合"而禀赋生命之说。

---

① 《老子》第三十八章："上德无为而无以为。"

② 《老子》第四十二章："道生一，一生二，二生三，三生万物，万物负阴而抱阳。"

二、君道无为

〈心术上〉借“心术”而引申“主术”；由心与九窍之各具功能，而推衍君与臣之各有分职。人君“处道”、“循理”，行“无为”之事，不干涉臣下（“毋代鸟飞”、“不夺能”），任百官充分发挥自己的才能。〈宙合〉也提出“君臣各能其分”。总之，主逸臣劳是黄老的共同主张，〈形势〉所谓“主功有素”，〈宙合〉所谓“君佚臣劳”，和〈心术上〉“无为而治窍”的君道思想，正相一致。

三、虚

老子言“虚”，乃形容心境或喻开阔的空间。〈心术上〉屡言“虚”，含义较广，除老义外，还延伸到认识论上，讨论到主体（“此”）如何才能确切地认识客体（“彼”），最重要的莫过于排除主观的成见而不预设立场（“无藏则奚设矣”），所谓：“虚者，身藏也”，意即不怀藏心机成见，就是“虚”。〈宙合〉云：“‘不用其区区’者，虚也；人而无良焉，故曰虚也。”其意为君主不自用，即是“虚”。〈宙合〉言虚，意在暗喻人君心胸要开阔，不凭主观意图行事，其义与〈心术上〉相通。

四、时变

老子便已说过：行动要掌握时机[①]，黄老因之，强调掌握时代

---

① 《老子》第八章：“动善时。”

的动脉，推动社会以变革——所谓“时变是守”[1]。“时变”的观念，屡见于黄老作品，如〈内业〉有言：“圣人与时变而不化，从物而不移”；〈白心〉更标示：“以时为宝”、“随变断事，知时以为变”。所谓“与时迁移，应物变化”，乃为司马谈盛赞道家之长的一个重要原因。主时变的观点，〈宙合〉也特别重视，它主张：“因时”、“审于时”，又倡言“与变随化”。

〈宙合〉提出“因时”的同时，又提到“时则动，不时则静”之说。时与动静结合的观点，也屡见于帛书《黄帝四经》[2]，黄老这动静适时的观念，还直接影响到《易传》[3]。

〈宙合〉论“时”，和“德”相联系，正如〈枢言〉将“时”和“义”相提并论，这很值得注意。〈宙合〉经文提出“时德之节”的说法，解文做了这样的引申：“成功之术，必有巨获；必周于德，审于时。时德之过，事之会也，若合符然。”这里谈到成功的方法，一定要有法度，同时要审时修德。“审时”要重视法度和修德，这也反映了黄老道家的时代特色。在那礼崩乐坏的年代，法治的兴建成为当务之急，黄老的涵容性，使道家学派能应合时代需要而采各家之长以治世。名法、德智的提倡，也可看出黄老道家采众说之长的一面。

---

① “时变是守”为司马谈〈论六家要指〉引述道家的观点：“故曰：‘圣人不巧，时变是守。’”所引的话出自马王堆帛书《黄帝四经·十大经·观》：“圣人不巧，时反是守。”

② 如《黄帝四经·经法·四度》及《黄帝四经·十大经·观》。

③ 〈彖传〉释“艮”卦谓：“时止则止，时行则行，动静不失其时。”

五、礼法出于道

礼、法和道的关系，黄老的著作中有大同小异的说法。帛书《黄帝四经》宣称"道生法"而未及言礼，〈心术上〉言礼，强调礼需"因人之情"，并谓"事督乎法，法出乎权，权出乎道"，而礼、法关系未及明言。〈枢言〉则明确说"法出于礼"，并谓"礼出于治。治、礼，道也"。可见礼、法生于道为黄老学派的共同主张。也就是在"道"的大前提下，引进礼、法思想观念。

六、正名

形上之"道"，非具象之物，故老子以"无名"称之。但落实到政治社会层面，不可无"名"。〈心术上〉说："物固有形，形固有名。"这话常被学者引用。〈心术上〉还说："名不得过实，实不得延名"，认为"名当谓之圣人"。所谓"名当"，即是名实要相符。〈心术下〉也说："凡物载名而来，圣人因而财（裁）之而天下治"，并提出"名实不伤"的呼吁。名实之不相应，已成为人间社会的普遍现象，〈宙合〉作者已感叹"名实相怨久矣"！名与实"不可两守"时，主张去名取实。这和《庄子·逍遥游》所说："吾将为名乎？名者实之宾也"，取实之意相同。

名实相怨，政局动荡不安，官分职守相侵越，因而"正名"为当务之急。〈枢言〉说："名正则治，名倚则乱"；〈白心〉也说："正名自治，奇名自费。"〈白心〉还进一步提出"名正法备"之说，认为如果形名确定法度具备，圣人就可以安闲无事了。〈枢言〉则强调“贵名”，认为“有名则治，无名则乱”，政治社会秩序中有赖名分的维系以发挥各自职分的功能，这有如生命的维系有赖于气一样的重要。

七、德盛义尊

黄老之君道，讲礼、法是就制度层面，重品德则属君主修身方面。黄老提倡为政者的品德修养，如〈内业〉云：“德成而智出”、“正形摄德”，又说：“天仁地义。”稷下道家主德智相养，仁义之行亦属“德”的范畴。诸德中，黄老尤重义，如〈宙合〉谓：“义立之谓贤”；〈枢言〉强调“德盛义尊”，该篇讨论“时”，复突出“义”，谓“既时且义，故能得天与人”。〈心术上〉亦屡言“义”，以为“君臣父子人间之事谓之义”，可见黄老之重义是由于义为人际关系间最合宜且合理的行为规准。(如〈心术上〉解文所指：“义者，谓各处其宜也。……故礼出乎义，义出乎理。”)此外，黄老还“贵诚信”，〈枢言〉曰：“诚信者，天下之结也。”这话至今仍富有新义，因为当今政治人物背信者比比皆是。

八、重智

论者多误以为老庄反智，其实不然。老庄所反者，乃是统治者运用智巧以欺民、盗民。《老子》说：“知人者智，自知者明”(第三十三章)，可见老子肯定“明”、“智”，而稷下道家尤为重智。〈内业〉提出"德成智出"与"思索生知"两个重要命题,并宣扬心志专一,认为专一心力于事物上则熟能生巧,其技其艺可达于出神入化之境,此谓"神"、"智"("一物能化谓之神,一事能变谓之智")。〈心术上〉亦崇智,认为智得以体认道的精蕴("知(智)得以职(识)道之精"),并赞语曰:"人皆欲智……智乎,智乎,投之海外无自夺。"重智言论,也见于〈宙合〉、〈枢言〉,如〈宙合〉说:"言得谓之知,聪明以知则博。"〈枢言〉说:"多安少欲,智也",并崇尚"圣智"及"仁智"[①]。

九、贵当

"当"为黄老道家特殊语词,〈白心〉开篇首句便说:"建当立有。"王念孙改"当"为"常",学者多从之,马王堆黄老帛书出土,"当"字屡见于帛书《黄帝四经》,始知"当"为黄老习用词字。"当"有"常"义,但非字之误,"建当立有",犹建道立德。"当"亦有适、度之意。〈枢言〉曰:"先王贵当、贵周。"〈宙合〉曰:"多内则富,时出则富。而圣人之道,富贵以当。奚谓当?……应变不失之谓当。"是则"当"有适、度、举措得当之意。

上文将〈心术〉四篇与〈宙合〉等篇之黄老重要思想概念上做一对比,可证其同属黄老学派作品。

---

① "既智且仁,是谓成人。"

柒、结 语

稷下黄老在治身与治国的问题上，其特点是显而易见的：治身方面，提倡养气及精气在生命中的重要作用。治国方面，强调君臣分职，而其援礼、法以入道，则为黄老道家应合时代需求的一个新趋势。

本文要在论证〈形势〉诸篇同属稷下黄老作品，但各篇的独特性也是我们所要强调的。如前文所述，〈形势〉篇要在论势，并提出"主功有素"及"夜行"、"心行"等特殊概念；〈宙合〉要在论主政者勿拘泥于区区小术，要有宇宙般的广阔的胸怀，并提出"主逸臣劳"、"彰道以教"、"易政利民"等政治主张；〈枢言〉要在论气和名的重要性，并提出"尚阳说"等观点；〈水地〉要在论水为万物之本原等等。

第二部分

《管子》

四篇注譯與詮釋

〈内业〉注译与诠释

〈内业〉意即内心的修养，本篇主旨是论说如何修心聚气以达到戴圆履方——顶天立地的昂扬气概、高迈境界。

本篇分四个层次论述。第一至四章为第一个层次，论气、心、道的关系。第五、六章为第二个层次，论随时从物和变与不变的关系。第七至十四章为第三个层次，论心形双修，形德交养。第十五、十六章为第四个层次，论节制情欲和正静之道。

本篇提出许多重要观念和命题，对后代哲学史有着长远的影响。如：精气、时变、中守、中得、心气、心意、灵气、云气、正静定等概念，并提出化不易气、心以藏心、一意抟心、抟气如神、心静气理、修心静意、修心正形、正形摄德、戴圆履方、天仁地义、德成智出、思索生知、意以先言、内敬外静、反性大定、万物得度、万物毕得等重要命题。

一

凡物之精，此则爲生[1]，下生五穀，上爲列星。流於天地之間，謂之鬼神(2)；藏於胸中，謂之聖人(3)。

是故此氣(4)，杲乎如登於天(5)，杳乎如入於淵(6)；淖乎如在於海(7)，卒乎如在於己(8)。

是故此氣也，不可止以力，而可安以德；不可呼以聲，而可迎以音〈意〉(9)。敬守勿失，是謂成德。德成而智出，萬物畢得(10)。

【注释】

(1) 凡物之精，此则为生：天地万物都有精气，万物赖它获得生命。"之"，有（训见《古书虚字集释》）。"精"，精气。"此"，得此、赖此。"生"，生命。张舜徽说："'此则为生'，谓此气乃生命之本"（《周秦道论发微·管子四篇疏证》，下引同）。

(2) 鬼神：谓阴阳变化（张舜徽说）。按：与"神"、"神明"等意思接近，指天地精神，自然界的神妙作用（参看张岱年：《中国古典哲学概念范畴要论》）。

(3) 圣人：这里指圣人智慧。

(4) 是故此气："此气"，通行本作"民气"。"民"乃"此"字之误（丁士涵说，见戴望：《管子校正引》）。这句本当作"是故此气也"，下文"是故此气也"与此正为排比句。

(5) 杲（ㄍㄠˇ）：显明。

(6) 杳：幽暗。

(7) 淖：同"绰"，宽舒，舒展。

(8) 卒：同"萃"，聚集，收聚。

(9) 音〈意〉:为"意"字之残讹(王念孙等说)。

(10) 万物毕得:"毕得",通行本作"果得"。"果"当为"毕"字之误(王念孙:《读书杂志》,下引同)。〈心术下〉正作"万物毕得",尹注为"物毕得宜",甚确。下文"正心在中,万物得度"与此同义。又,李勉释此句为"万物皆由我得",可备一说。如此则孟子所谓"万物皆备于我"亦出于此。

【今译】

万物都有精气,赖它获得生命;在地生成五谷,在天聚为众星。精气流散在天地间,便称为天地精神;藏储在胸中,便成为圣人智慧。

这种精气,灿然如高升于天际,暗然似深入于渊底,舒展开如在四海之外,收聚起如在人身之中。

对于这种精气,不可以人力留住它,只可以德心安养它;不可以声名呼唤它,只可以意念迎取它。敬守精气而不遗失,便能进一步成就德心。德心的成就便使人生出智慧来,有了智慧可使天地万物皆得其宜。

【诠释】

中国哲学史上,著名的精气说乃是由稷下道家所提出。

在宇宙生成论上,老子是第一个提出道为万物之本原者,然而道创生与畜养万物的具体内涵,老子并没有明确论述。道和万物之间的关系到庄子和稷下道家才提出气化论以为中介，稷下道家更提出精气的概念以说明道的化生万物，本篇即是稷下道家论述精气的代表作品。

一、"精气"为万物的原质

"精气"这一概念在稷下道家另一作品《管子·水地》篇中亦已提出，但〈水地〉主要是将水和地视为万物的本原。新近出土郭店楚墓竹简中的古佚书〈太一生水〉，亦是以水为万物的本原。由此可知，道家的万物生成论至战国中期形成了两大系统：一是尚气，一是尚水。尚水思想因其本身的理论限制未能得到发展。尚气说，因"气"具有可感知的性质，却又视之不见、听之不闻，可解释性远超过尚水论，故能得到发展。

本篇开宗明义便指出精气弥漫于天地之间，它是构成万物的本原，也是生命和智慧的根源。作者认为一个人获得的精气愈多，则生命力愈强、智慧愈高，并夸大了精气的作用，以为精气流于天地之间，可以使自然界具有神奇灵妙的作用。所谓"鬼神"，在本篇作者看来不过是精气的流布，这一观念对《易传·系辞》有着直接的影响。此处所谓"流于天地之间，谓之鬼神"以及本篇后文(第十三章)谓："思之，思之，又重思之。思之而不通，鬼神将通之；非鬼神之力也，精气之极也。"这种以精气变化来解释"鬼神"的思想，为〈系辞〉所继承——〈系辞〉云："精气为物，游神为变，是故知鬼神之情状。"此明显源于〈内业〉。

二、"德成智出"、"万物毕得"之说

这一章还提出"德成智出"、"万物毕得"这两个命题。稷下道家倡导德智相扬,而"万物毕得"之说,则与孟子所谓"万物皆备于我"相通,不少学者认为孟子此说源于稷下道家。

二

凡心之刑[(1)],自充自盈,自生自成。其所以失之,必以憂樂喜怒欲利;能去憂樂喜怒欲利,心乃反濟[(2)]。

彼心之情[(3)],利安以寧,勿煩勿亂,和乃自成[(4)]。折折乎如在於側[(5)],忽忽乎如將不得[(6)],渺渺乎如窮無極。此稽不遠,日用其德[(7)]。

【注释】

(1) 刑:即下文"凡心之形"的"形",指形体或实体。

(2) 心乃反济:"心",指心的自然本性。"反济",重返回来。

(3) 情:特性。

(4) 和:有二义:一谓心的和谐状态。如尹注:"若无烦乱,心和自成。"一指和气,在《管子》中特指精气。今译取前者。

(5) 折折乎如在于侧:"折折"同"晢晢",昭明貌。"侧",侧旁,喻近在咫尺。

(6) 忽忽:幽微貌。

(7) 此稽不远,日用其德:“此”,指精气。“稽”,道理,原理。“远”,疏远。“德”,指体现在个物中的“道”或“精气”的性能。

【今译】

心这个实体,自有使精气充实盈满、生长完成的本然性。这种自然本性之所以会失去,那是由于忧、乐、喜、怒、嗜欲和贪利的侵入;如果能将这些情欲去除,心的这种自然本性才会重新回归。

心的特性以安宁为利,保持不烦不乱,和谐状态自然形成。充盈于心中的精气昭明如近身旁,幽微如不可索求,渺茫如无所终极。精气的原理与我们并不疏远,我们日常生活中都在应用着它的性能。

【诠释】

本章主要论及“心之形”与“心之情”,即讨论心的实体和特性。作者认为心之体是自我充盈、自我生成的,而心的特性则是以安宁为利的。

“和乃自成”的“和”,意即心本处于和谐安舒、圆满自足的状态。道家尚“和”,庄子言及“天和”、“人和”、“心和”,这里的“和”是指“心和”。心的本然性是安和的,由于各种情绪和欲望的波动翻腾,使得原本安和的心性受到搅乱。因此,在情绪和欲望的波动翻腾之后如何回归到安和状态的精神家园，即所谓"心乃反济"，则成为〈内业〉篇中所关注的一大课题。

三

夫道者，所以充形也，而人不能固，其往不復，其來不舍。謀乎莫聞其音[(1)]，卒乎乃在於心[(2)]，冥冥乎不見其形，淫淫乎與我俱生[(3)]。不見其形，不聞其聲，而序其成，謂之道。

【注释】

(1) 谋：即"寂"字之讹（王念孙说）。又或当作"谟"，通"漠"（陈奂说）。总之都是安静的意思。

(2) 卒：同"萃"，收聚。

(3) 淫淫乎：绵绵不断。

【今译】

道是用来充实人的身体的，而人们往往不能固守，使它迷失而不再复回，即便复回也不会安置。它寂然无声不可得闻，但它收聚时却又集于人的身心，它杳然无形不可得见，但它却绵绵不断与生命共存。尽管看不见它的形体，听不到它的声音，却能够有序地成就万物，这就是所谓的“道”。

【诠释】

本章论述道“所以充形”以及落实于人心的作用，分述如下：

一、道落实于人心

老子“玄之又玄”的形上之道，至战国中期以后有了很大的变化，即道进一步落实到人心。老子的道论并不涉及“心”的范畴，至庄子和稷下道家才将“道”和“心”联系起来。如《庄子·人间世》篇所说：“心斋……唯道集虚。”〈内业〉此处所说的“夫道者，……卒乎乃在于心”，与此有相通之处。

二、形神关系

稷下道家在论及道萃乎乃心的同时，还提出“道充形”之说。心形或神形关系为道家所关注的一大课题，司马谈〈论六家要指〉对道家的神形观清楚地指出人之所以生在于神形相合，如果神形分离就归于死亡：“凡人所生者神也，所托者形也。……形神离则死。”因此首先要健全神与形的关系，不使形蔽神竭而造成两者的分离。司马谈还提到道家“神本形具”的观念，认为精神虽为生之本，但也要形来体现（“具”即体现之意）。这种神形并重的思想见于《庄子·达生》（如“神全精复”），而〈内业〉中神形关系讲得更清楚，并且特别突出“道者充形”这一面向。

三、道的有序性

本章最后所谓“不见其形，不闻其声，而序其成，谓之道”。这里说道有序地成就万物，这在强调道的有序性，至于用“不见其形，不闻其声”来描述道体，明显是承袭《老子》而来，与此相同的论述亦可见于〈中庸〉，所谓：“视之而弗见，听之而弗闻，体物而不可遗。”

四

凡道無所，善心安愛〈處〉[(1)]。心靜氣理，道乃可止。彼道不遠，民得以產；彼道不離，民得以知。是故卒乎如可與索[(2)]，眇眇乎其如窮無所。

彼道之情，惡音與聲，修心靜音〈意〉[(3)]，道乃可得。道也者，口之所不能言也，目之所不能視也，耳之所不能聽也，所以修心而正形也。人之所失以死，所得以生也；事之所失以敗，所得以成也。

凡道，無根無莖，無葉無榮，萬物以生，萬物以成，命之曰道。

【注释】

(1) 善心安爱〈处〉：“善”，修治使善。“安”同“焉”，乃。“爱”为

"处"字之讹(王念孙说)。"处"与"所"同叶鱼部韵。

(2) 卒:同"萃",收聚。按:"卒乎"一词三见,均指气之收聚。凡气之聚时,则在己、在心,皆可求索;其旷远、眇眇难寻,则是皆就气散而言。

(3) 静音〈意〉:当作"静意"(王念孙说)。"意"与"得"同叶职部韵。

【今译】

道并没固定住所,只有善于修心的人才能使它安处下来。心意静定、气脉通畅,道便可留止。道并不遥远,人们赖它获得生命;道并不离去,人们赖它获得智慧。它聚集时是可以求索的,(散开时)又渺茫旷远难寻定处。

道的特性是不可以言语声名呼来的,只有修心静意才可得道。道虽然不可言表,不可目见,不可耳闻,但它确实又可以用来完善人心,端正身形。人们失去它就会死亡,得到它就能生存;失去它做事就会失败,得到它做事就能成功。

道虽无根茎,无花叶,但万物赖它而生,靠它而成,所以把它称为"道"。

【诠释】

本章续论道的特性及其于心形、心气的作用。

一、道不远人

〈内业〉篇中所谈的"道",一方面直接继承老子作为万物生成本原的道,本章所谓"凡道,无根无茎,无叶无荣",乃是对老子生成之道予以形象化的描述。不仅如此,老子的形上之道至〈内业〉和人发生了更为紧密的关系,所谓"彼道不远,……彼道不离……",人的生命和智慧都源于道,故不可须臾离道。同样的论述亦可见于〈心术上〉:"道不远而难极也,与人并处而难得也。"由此可以看出〈内业〉和〈心术上〉两者间思想内容的一致性。而〈中庸〉亦有同样的论述,所谓:"道不远人,人之为道而远人,不可以为道。""道不可须臾离也,可离非道也。"由此可看出〈中庸〉思想受稷下道家影响之一般。

二、修心正形

本章所论述的"道"特别着重于和"心"的关系。"善心安爱〈处〉",将老子之道进一步落实到人心,并特别强调修心、理气。所谓"心静气理"、"修心静音〈意〉"、"修心正形"等重要命题,即由此而提出。

五

天主正,地主平,人主安靜。

春秋冬夏，天之時也；山陵川谷，地之枝〈材〉也(1)；喜怒取予，人之謀也。是故聖人與時變而不化，從物而不移(2)。能正能靜，然后能定。

定心在中，耳目聰明，四枝堅固，可以爲精舍。

精也者，氣之精者也。氣道乃生(3)，生乃思，思乃知，知乃止矣(4)。凡心之形，過知失生(5)。

【注释】

(1) 枝〈材〉：当作"材"（王念孙说）。《管子·枢言》："天以时使，地以材使"，"时""材"对举与此同例。

(2) 与时变而不化，从物而不移：于省吾等以为"从物"当作"从物迁"，与"与时变"对言。"移"，摇动，扰动。

(3) 气道乃生：犹言气通乃生（戴望《管子校正》）。"道"疑涉"气"字而衍。"气乃生"，言人有了就能获得生命。

(4) 知乃止矣："止"，谓行止，指处身行事。

(5) 生：性。下文"凡人之生也，必以平正"之"生"与此同义。

【今译】

天主公正，地主均平，人主安静。

春秋冬夏是天的时令，山陵川谷是地的物材，喜怒取予是人的谋虑。所以说圣人顺时应变不被同化，随物推移而不被扰动。心能端正守静，才能坚定。

坚定信念存于胸中，耳聪目明，四肢强健，这样就能作为精气的住所。

所谓“精”就是气的精华。有了气就能获得生命，有了生命就能思考，有了思考就能生出智慧，有了智慧就能体悟处身行事之道了。凡心的形体，思虑过度就会伤害它本然之性。

【诠释】

本章提出哲学史上许多重要的概念和命题，如：时变、正静、静定以及“气之精”、“生乃思”、“思乃知”等。分述如下：

一、时变

司马谈在〈论六家要指〉中，特别赞赏道家善于掌握“时变”，亦即善于掌握时代的脉络，推动社会变革。他一再称许道家“因时为业”、“与时迁移，应物变化”，还引述了“圣人不巧，时变是守”的名言，这话见于马王堆帛书《黄帝四经·十大经·观》：“圣人不巧，时反是守。”

从老学至黄老之学都十分重视时变，如《老子》第八章有言“动善时”，而“时变”这一概念在《管子》四篇中屡见，如〈心术上〉讲“时适”，〈心术下〉及〈内业〉论及“时变”，而〈白心〉更突出地提出“以时为宝”、“知时以为度”的呼声。

二、正静定

正、静、定，成为道家心境修养的重要概念，源出于《老子》。老学中这些概念固可用以描述心境，但更主要的是用来讲解治国，如《老子》第三十七章所说的："不欲以静，天下将自正。"政治术语多于心境的描述。而在〈内业〉中则多就人的心境而言，即就人的心灵修养层面强调正、静、定的作用；这对《大学》有直接且深远的影响，《大学》云："知止而后有定，定而后能静，静而后能安。"又："欲修其身者，先正其心。"所说的"正"、"静"、"定"、"安"的心修工夫乃是本于此篇而来。

这里还特别提出道留驻于精舍的说法，"精舍"这个概念为日后佛道两家所广泛使用。

三、思乃知

本章后段谓"精也者，气之精者也。气道乃生，生乃思，思乃知，知乃止矣"。这段话有两点值得我们注意：

首先，"精也者，气之精者也"这句话经常被当代学者所引述，用以论证"精"这一概念和"精气"的关系，"精"和"气"这两个概念在老庄中都出现过，但都是以单词而分别存在，至〈内业〉"精气"才开始连用，但是在老庄著作中出现的"精"，历来有很多不同的解释，许多学者则是根据〈内业〉的这句话来论述"精气"这一概念。

其次,“气道乃生,生乃思,思乃知”这段话在道家思想史上具有非常重要的意义。首先这里将生命的来源归于气,认为气为生命最基本的原质,从文化史上来看,先民早已存在这种想法,但是从哲学史上来看,将气视为生命的根源以及万有的原质的思想,则是由战国时的庄子和稷下道家所首次提出的,就稷下道家来说,《管子·枢言》很明显地说:“有气则生,无气则死。”接着〈内业〉作者进一步论述人的可贵在于人有思考力,这是人异于禽兽之所在,人有了思想才能产生知识,“生乃思,思乃知”这提法在先秦道家文献中极其珍贵。因为老庄对知识的态度常偏向机心巧诈的一面,稷下道家不但纠正了老学的缺点,而且正面肯定了思想知识的可贵。

四、三极之道

本章开头提到:“天主正,地主平,人主安静。”老子提出:“人法地,地法天,天法道,道法自然。”(第二十五章)天地人之间的紧密关系在《老子》中就已经提出来了,这里更指出了天地人各有它的特点:天的特点在于公正,地的特点在于均平,人的特点在于安静,天地人的关系及其特性更加突显地标举出来,可见《易传》中所提出的“三极之道”,和稷下道家是同一思想脉络下的产品。

六

一物能化謂之神，一事能變謂之智[(1)]。

化不易氣，變不易智，惟執一之君子能爲此乎。

執一不失，能君萬物。君子使物，不爲物使，得一之理。

治心在於中，治言出於口，治事加於人[(2)]，然則天下治矣。一言得而天下服，一言定而天下聽[(3)]，公之謂也。

【注释】

(1) 一物能化谓之神，一事能变谓之智："一"谓专一（见尹知章注〈心术下〉）。张舜徽说："尹注释'一'为'专一'，是也。凡能专一心力以从事于一事一艺者，积之既久，始可语乎变化，俗所谓熟能生巧也。验之诗、文、书、画、乐伎、百工，靡不皆然。大抵用力之始，必专守成规，勤学苦练，即一气一事之谓也。及其深造自得，始能越出成规，自成家法，而运用之妙，存乎一心，即能变之谓也。"

(2) 治心在于中，治言出于口，治事加于人："治心"，修治完善之心。"言"，指声教政令。"治言"，谓政令信实。"治事"，谓合宜之事。

(3)一言得而天下服，一言定而天下听："一言"，指"道"。"得"，掌握。“定”，确立。

【今译】

专一于物而能随移变化叫做神，专一于事而能掌握变化叫做智。

物变而气不变，事变而智不变，这只有持守专精的君子才能做到。

专一而不失，就能主宰万物。君子主宰外物而不被外物所使役，这是掌握专一的原则。

修治之心存于胸，信实之教出于口，合宜之事施于人，这样天下就可以治理。掌握了道则天下归服，确立了道则天下听从，这就是“公”。

【诠释】

本章强调心意专一的重要性，并提出“化不易气”这一重要命题。

一、心意专一

司马谈在〈论六家要指〉中盛赞“道家使人精神专一”，其言或本于此篇。本章所谓的“一物”、“一事”、“执一”、“得一”都是指精神专一。对于事和物若能够专一心志，投注精神于一事一物，积厚之功日久，熟能生巧，就能达到出神入化的境界，达此美妙境界，称之为“神”、“智”。一个人若能专一，则能建立自己，成就自己。主体性一旦确立，就不会被外界的扰动所牵引，这即是“君子使物，不为物使”。自主性确立则能主宰万物，不为外物所役使，这也就是《庄子·山木》所说的：“物物而不物于物。”

二、化不易气

所谓“化不易气”是说事物不停地在变化，但气不会随变化而消失。这里认为气是万物最基本的原质，不管事物怎样变化，气不会随变化而消失。这“化不易气”命题的提出，对中国哲学具有深远且重要的影响。

七

形不正，德(1)不來；中不靜，心不治。正形攝德(2)，天仁地義(3)，則淫然(4)而自至。神明之極，照乎知萬物(5)，中守不忒(6)。不以物亂官，不以官亂心，是謂中得。

【注释】

(1) 德：此处指精气。

(2) 摄德：“摄”，正，修持之义。“德”，道德修养。

(3) 天仁地义：效法天之仁，地之义（尹注）。

(4) 淫然:绵绵不断的样子。

(5) 照乎知万物:〈心术下〉作“昭知天下”。“照”通“昭”。“照”下“乎”字为衍文(王念孙说)。

(6) 中守不忒:“中守”,意指内心持守虚静。通行本“中”下衍“义”字,据王念孙之说删除。

【今译】

形体不端正,精气就不来;内部不安静,心神就不定。正形修德,效法天仁地义,则精气就会绵绵不断的来到。神妙的作用发挥到极致,便令使人朗然昭明而察知万物,内心持守虚静而无有差错。不让身外之物惑乱感官功能,不让感官功能惑乱心神,这样就是内心悟道了。

【诠释】

本章宣扬“正形摄德”,以为效法“天仁地义”,便可使人达到“神明之极”的境界。分述如下:

一、心形双修、形德交养

在形与德的修持方面,〈内业〉强调心形双修、形德交养,“形不正,德不来”,两者必须相养相成;因此,提出“修心正形”、“正形摄德”的重要命题。此即〈心术下〉所谓“正形饰德”。这里认为形、德修养至一高度的境界时,精气就自然来到,而能心神悟道。

二、天地之伦理意含

在“正形摄德,天仁地义”这句话中,〈内业〉特别强调“摄德”的重要。所谓“天仁地义”,天地是一仁义之德境界的呈现,在这里可以说已经将天地予以人伦化。这说法和老庄有着极大的不同。老子的天地是一自然状态,所谓“人法地,地法天,天法道,道法自然”。这里很明显地可以看出稷下道家对于老子有着不同的发展。庄子讲天地或者作为一物理的存在,或者作为一种精神的境界,这种精神境界是艺术性而非伦理性的,但是稷下道家则将天地予以道德化,这样的看法和老庄分歧,却和孟子相通,孟子将天地人伦化可能是本于稷下道家。

八

有神(1)自在身,一往一來,莫之能思。失之必亂,得之必治。敬除其舍(2),精將自來。精想思之,寧念治之(3),嚴容畏敬,精將至定。得之而勿舍,耳目不淫,心無他圖。正心在中,萬物得度。

【注释】

(1) 神:指精气。

(2) 敬除其舍:“除”,洒扫。“其舍”,精气的馆舍,指“心”。

(3) 精想思之,宁念治之:"精想",精微之想,指意念。"思",存思。"宁念",指静心。"治",谓修持其德。

【今译】

精气在身,往来无定,神妙莫测。失掉它则身心必乱,得到它则身心自理。虔敬地清理内心,精气自然来到。以意念去存思,以静心去修持,整肃仪容,谨敬志意,精气必将安顿下来。要想得到它而不失去,就需耳目不耽于声色,内心无所贪图。平正之心存于胸中,就能使一切事物都合宜适度。

【诠释】

本章谈洁心宁念以汇聚精气之法,分述如下:

一、洁心聚气

所谓"神",所谓"精",都是指"精气"。本章主要论述如何修心宁念以汇集精气;如何洗心静意、"敬除其舍"以凝结精气,这也就是〈心术上〉所说的"虚其欲,神将入舍"。得道之要,厥在一心。

二、严容畏敬,精将自定

稷下道家对于人的行止,非常强调肃敬,"敬"这概念在〈内业〉篇中出现了七次之多,可为证明。本章讲述一个人要能"敬除其舍”、“严容畏敬”才能聚集精气。精气汇集到每一个个体，“正心在中”就能使得万物皆自得（“万物得度”）。〈内业〉对“敬”的一再强调，可以看到在〈大学〉、〈中庸〉儒道这一概念相通的思想线索。

九

道滿天下，普在民所，民不能知也。一言之解，上察於天，下極於地，蟠滿九州(1)。

何謂解之？在於心安(2)。我心治，官乃治；我心安，官乃安。治之者心也，安之者心也。心以藏心，心之中又有心焉(3)。

彼心之心，意以先言(4)，意然後形(5)，形然後言，言然後使(6)，使然後治。不治必亂，亂乃死。

【注释】

(1) 一言之解，上察于天，下极于地，蟠满九州：“一言”指“道”。“解”，道理、精妙。“察”与“极”换文同义，指至、达到。“蟠”同“播”，播布。《黄帝四经·十大经·成法》：“一之解，察于天地；一之理，施于四海”为〈内业〉所本。

(2) 安：此处通“焉”。

(3) 心之中又有心：“凡是形气的心，是生理的心，‘心之中的心’

是道德的心。其作用是思，是知。形而下的是形气，形而上的是道德。心呢？间于二者之间。寡欲，正是把我们的心从形气中超拔出来走入道德的心。”（刘节：〈管子中所见之宋钘一派学说〉）

(4) 意以先言：通行本“意”作“音”（下文同），据王念孙校改。〈心术下〉即作“意以先言，意然后形”。

(5) 意然后形：“形”，谓形诸于外，在此指传达意念。

(6) 言然后使：“言”，指声教言辞。“使”，唤使百姓。

【今译】

道满天下，普在民间，而人日用却不能察知。道的精蕴贯通天地，布满九州。

道的精蕴是什么呢？这全在心去体悟。心治则感官自理，心安则感官自宁。心的调理在心本身，心的安宁也在心本身。这是因为心中又藏着心，心之中还有心。

心中之心，它的意念在先而用来传达意念的语言在后。心中有了意念就要传达出来，有了思维的传达就有了声教政令的语言，有了声教言辞才能唤使人们，听从唤使才能治理。内心不治则事必乱，乱则身死。

【诠释】

本章主旨在言心安。谓心安则官乃安；心安则心治。本章还提出“彼心之心”、“心以藏心”、“心之中又有心”等富有哲学义蕴的命题。〈内业〉不仅为稷下道家内圣之学的最重要代表作，它也为古代哲学中的心学提供了丰富的内涵。兹分述如下：

一、道满天下，普在民所

《老子》书中作为万物本原的道，是幽隐而无形无名的，所谓“道隐无名”。而战国中期道家的“道”，则已普降至民间，如《庄子·知北游》所说：“道无所不在。”稷下道家更将老子的“道”具象化而为精气，普遍充实、弥满于人间，唱出传颂千古的名言：“道满天下，普在民所。”

二、心安，官乃安

“我心治，官乃治；我心安，官乃安。”心在各种官能中，显然居于主导的地位。〈内业〉此处仅就治身范围内着意于心治、心安。而〈心术上〉则由心之居于主导地位而申论治国的原则。它将心和官比喻为君臣关系，并进而引出君臣分职的理论。治身与治国为先秦道家两个重要的组成部分（如老学着重在治国，庄学则要在治身），稷下道家的作品中，治身方面以〈内业〉为代表，治国方面则以〈心术上〉为范本。

三、心以藏心

心体君位说，屡见于同时代文献。如《庄子》有九窍与真君说

(〈齐物论〉),《孟子》有大体与小体说(〈告子上〉),〈心术上〉则明确地宣称:“心之在体,君之位也;九窍有职,君之分也。”古人贵心,认为心是认识的机能;心与官的关系中,官具有感觉功能,而心则富有思维的功能(如《孟子·告子》所谓“耳目之官不思……心之官则思”)。〈内业〉作者除了肯定思维官能之心的主导作用(如前引“我心治,官乃治;我心安,官乃安”),还进一步揭示:“心之中又有心。”因而提出“心以藏心”这个富有深层哲学性的命题。“心以藏心”,认为心之官中还蕴藏着一颗更具根源性的“本心”,所谓“彼心之心”命题中第二个心对第一个心来说是心的实体,比官能之心更为根本。

四、意、言、形之关系

所谓“彼心之心,意以先言,意然后形,形然后言,言然后使,使然后治”,是指意、言、形三者间的关系。

前文第五章讨论到“气—生—思—知”的关系,在这里更进一步讨论到言意的问题,认为意念先于言辞和语言,有了意念才能产生传达意念的语言;意念和语言都需要加以传达,这传达有赖于意念思维,因着思维的传达,于是就产生了行动(“使”),有了行动则进而要求秩序(“治”)。这样的论述亦见于〈心术下〉第六章,曰:“意以先言,意然后形,形然后思,思然后行。”

〈内业〉此处虽然讨论的是心的功能,但亦隐含了治道,这由“使然后治”隐约可见,但并不如〈心术上〉那么彰显,因为本篇主要在于论心治，属内圣之学，而〈心术上〉虽名之为心术，实乃主术，论述的是外王之道。

十

精存自生(1)，其外安榮(2)。內藏以爲泉原，浩然和平，以爲氣淵。淵之不涸，四體乃固；泉之不竭，九竅遂通。乃能窮天地，被四海，中無惑意，外無邪菑，心全於中，形全於外；不逢天菑，不遇人害，謂之聖人。

【注释】

(1) 生：生机，生气。

(2) 其外安荣："安"通"焉"，乃，于是。另一说"安"喻容颜安泰。【今译】取前说。"荣"，光彩。

【今译】

精气存聚于心中则自有生机，生机蓬勃则光彩焕发于外。内藏精气成为生命的源泉，而心境宽广平和可成为存养精气的渊池。渊池不干涸，四肢则强壮；精气不枯竭，九窍便畅达。这样就能智穷天地，德及四海，内无惑意，外无灾害。中心完善，形体康泰，不逢天灾，不遭人祸，这样就可以称为圣人。

【诠释】

本章讲述精气的蓄养及蓄养精气所产生的作用。

一、蓄养精气的作用

一个人的精气存养充足饱满，则能生机蓬勃且光彩焕发。因而作者认为精气的蓄养乃是生命的泉源。作者还进一步夸大了这种作用，认为一个人的精气如果蓄养得愈多，则生机愈勃发，甚至可以达到“穷天地，被四海”的境界。

二、与孟子“浩然之气”说的关系

孟子也具有类似的思维方式，《孟子·公孙丑上》：“我知言，我善养吾浩然之气。”“敢问何谓浩然之气？”“难言也，其为气也，至大至刚，以直养而无害，则塞于天地之间。”孔子不言气，因此孟子讲气应纳入齐文化或稷下道家的思想领域内来理解。〈内业〉称：“内藏以为泉原，浩然和平，以为气渊。……乃能穷天地，被四海。”这种由气的内聚修养工夫，而外发为穷天地、被四海的思维方式，我们也可以在孟子的养气论中发现，由“养气”内聚而展现为“万物皆备于我”之气的外放作用看来，所谓浩然之气充塞于天地之间可以说和〈内业〉的思维方式如出一辙。因此，孟子的气论极可能受到稷下道家的影响。

十　一

人能正靜,皮膚裕寬,耳目聰明,筋信而骨強[(1)]。乃能戴大圜而履大方[(2)],鑒於大清,視於大明[(3)]。敬愼無忒,日新其德,遍知天下,窮于四極。敬發其充[(4)],是謂內得;然而不反[(5)],此生之忒。

【注释】

(1) 筋信:"信",即《庄子》"熊经鸟伸"之"伸",指筋骨伸展自如。〈心术下〉作"筋肕","肕"同"韧",柔韧才能伸展,此《老子》所谓"骨弱筋柔"(第五十五章)。故作"信"(伸),作"肕"(韧)两通。

(2) 乃能戴大圜而履大方:"圜"同"圆"。"大圜",指天。"大方",指地。

(3) 鉴于大清,视于大明:"鉴"义犹"视"。"大明",指日。"大清"与"大明"相对,当指月。

(4) 充:指充实于人体内的精气。

(5) 反:复。指精气发散于外而又不断地返还以补充。

【今译】

人能心正意静,则形貌丰润,耳聪目明,筋骨伸展而强健。这样就能顶天立地，览月视日。谨敬于事而无过失，不断完善其德，洞察天地乃至于整个宇宙间的一切。努力将精气的智能发挥在事为上，这便称为内有所得。但是如果不能反复地蓄养补充精气，那便是生命的祸害。

【诠释】

本章亦为讲述透过精气的蓄养所能达到的境界。

人如果能透过正静的修养工夫，则能耳目聪明、筋信骨强，达到"戴大圜而履大方"的境地。这种对顶天立地昂然气概的生动描述，乃是对强健体魄的重视。认为躯体的强健不仅是心神修炼的结果，也是促进道德精神提升的助力，这种对体魄昂然的自信神态，或许和北方人先天体格的优势有关，《战国策·齐策》中所描绘的"志高而扬"的昂然气概，和〈内业〉所描述的若合符节。

稷下道家之特别重视体魄强健对一个人修心摄德的重要性，这在先秦道家中是十分特出的，也是先秦古籍中难得见到的。

十　二

凡道，必周必密，必寬必舒，必堅必固。守善勿舍，逐淫澤薄[(1)]。既知其極[(2)]，反於道德。

全心在中，不可蔽匿，和〈知〉於形容，見於膚色[(3)]。

善氣迎人,親於弟兄;惡氣迎人,害於戎兵(4)。不言之聲(5),疾於雷鼓;心氣之形(6),明於日月,察於父母。

賞不足以勸善,刑不足以懲過。氣意得而天下服,心意定而天下聽。

【注释】

(1) 逐淫泽薄:"泽"读为"释",舍去。"薄"同"迫"。此言逐除耳目之淫,舍去心头重负。

(2) 既知其极:"极",准则。此指上述守善逐淫的原则(张秉楠《稷下钩沉》)。

(3) 和〈知〉于形容,见于肤色:刘绩、王念孙据〈心术下〉"外见于形容,可知于颜色"认为本文"和"当为"知"字之讹。

(4) 戎兵:当从〈心术下〉作"戈兵",指利刃。

(5) 不言之声:〈心术下〉作"不言之言"。

(6) 形:表现于外。

【今译】

道必然是周密、宽舒、坚固。守善而不舍弃,就应该逐除耳目之淫,舍去心的重负。懂得了这个道理,就可以返回道德的途径。

完善之心存于胸中是无法遮盖的,必然要表现在容貌肤色之上。脉气畅美,与人接触则如兄弟般亲切;脉气秽恶，与人接触就如同利刃般伤人。不用言语的声音却迅如雷鼓，心气表现于外，如日月般昭明，好似父母对于子女般了然。

赏赐不足以激励为善，刑罚不足以阻止为恶。气意畅达而天下归服，心意正定而天下听从。

【诠释】

本章所讲述的"道"已不只是祖述老子之道，而是更进一步加以发展。

《老子》的道落实到人生的层面主要是强调柔弱、不争，而在这里则强调道的周密、宽舒、坚固，这和老子的论述明显不同，特别是道的坚固性和老子守柔不争的特性大异其趣。这个具有宽舒、周密而坚固性格的"道"落实到人身上，则可以使人达到"耳目聪明，筋信而骨强，乃能戴大圜而履大方"之境界，〈内业〉中所注入的刚健之风和《老子》书中所描述的体道之士所具有的凝静敦朴、严谨审慎的人格形态，有着不同的发展。

十　三

摶氣如神[1]，萬物備存。能摶乎？能一乎？能無卜筮而知吉凶乎[2]？能止乎？能已乎[3]？能勿求諸人而得之已乎[4]？思之,思之,又重思之,思之而不通,鬼神將通之,非鬼神之力也,精氣之極也。

四體旣正,血氣旣靜,一意摶心,耳目不淫,雖遠若近[5]。

思索生知,慢易生憂,暴傲生怨,憂鬱生疾,疾困乃死。思之而不舍,內困外薄[6],不蚤爲圖,生將巽舍[7]。食莫若無飽,思莫若勿致[8],節適之齊[9],彼將自至[10]。

【注释】

(1) 抟气如神:"抟气"又作"专气",收摄集聚精气。"如",达到。

(2) 吉凶:当作"凶吉"(王念孙说)。〈心术下〉与《庄子·庚桑楚》均作"凶吉"。"吉"与"一"同叶质部韵。

(3) 已:义同"止",谓持意静定。

(4) 得之己:谓己心有所悟觉。

(5) 虽远若近:"远",指未来吉凶之事。

(6) 内困外薄:"内"指心。"外"指内心所思虑之事。"薄"同"迫"。

(7) 生将巽舍:"生",生命。"巽"同"逊",退让、离开。"舍",指躯体。

(8) 食莫若无饱,思莫若勿致:意谓要人节食适思。尹知章注:"饱食者善闭塞,致思者多困竭。"

(9) 节适之齐:"节适",节制适度。"之",达到。"齐",中和。

（10）彼：指长生、长寿。

【今译】

收摄结聚精气达到神奇的境界，万物就能尽存于胸中。能够专心一意吗？能够不需卜筮就能预知未来凶吉吗？能够持意静定吗？能够不求诸外界而自我悟觉吗？反复地思考问题，在百思而不通的时候，就会有鬼神帮助开窍，但这并非真的是靠什么鬼神的力量，而是精气结聚已达至极致的结果。

形体端庄，气脉安详，心意专一，耳目正定，则未来吉凶之事虽遥远却如近在咫尺般昭然明了。

思索产生智慧，懈怠疏忽引来患祸，凶暴骄傲导致仇怨，忧郁带来疾病，疾病困迫终会导致死亡。思虑过度而不休止，就会内心受困，外事迫压，不早设法摆脱，生命就会结束。人们都知道饮食不能过饱的道理，其实思虑也同样不能过度。节制思虑达到最恰当的程度，人自然就会长寿。

【诠释】

先秦典籍中，"精气"概念首见于此。本章还提出"抟气"说，以及"一意抟心"、"思索生知"等重要命题。分述如下：

一、抟气说

“抟气如神”的名句即出自本章。所谓“抟气”意即聚气的方法在于“专一”。人若能虚静其心，使得精神专一、集气于中，便能达到如神的化境。此说来自《老子》第十章所谓的“专气致柔”，但较《老子》之说来得更加传神且入木三分。

所谓“抟气如神，万物备存”，是说当聚气达到如神的境界时，便可使万物毕得于一己之内心。孟子所谓“养吾浩然之气”、“万物皆备于我”，其说或源于稷下道家。

二、思索生知

“思索生知”意指知识是由思索而来的。所谓“知”指的是客观性的知识，这和《庄子》书中的“知”有着不同的含义，《庄子》中所谓的“知”大多是指主体性的智慧，两者有着极其不同的走向。〈内业〉所谓的“思索生知”，实际上是对《老子》“为学日益”说的继承和发挥，《老子》“为学日益，为道日损”并非是对为学的否定，而是指知识学问乃是由学习中累积而来的；因此，“思索生知”可以说是对《老子》“为学日益”说的更进一步说明。

十　四

凡人之生也，天出其精，地出其形，合此以爲人。和乃生[1]，不和不生。察和之道，其精不見[2]，其徵不醜[3]。平正擅匈[4]，論治在心[5]，此以長壽。忿怒之失度[6]，乃爲之圖。節其五欲[7]，去其二凶[8]。不喜不怒，平正擅匈[9]。

凡人之生也[10]，必以平正。所以失之，必以喜怒憂患。是故止怒莫若詩，去憂莫若樂[11]，節樂莫若禮，守禮莫若敬。內靜外敬，能反其性，性將大定。

【注释】

(1) 和乃生：和合就有了生命。另一解，有了和气就有生命。〔今译〕采后者。

(2) 精：指和气的精微。

(3) 其徵不丑："徵"，信验。"丑"，类，比拟、况喻。"精"与"徵"源于《老子》第二十一章"其中有精，其中有信"。

(4) 平正擅匈：此句重见下文，疑衍（丁士涵说）。

(5) 论治：当作"伦理"（张佩纶，《管子学》），次序条理。

(6) 忿怒：疑当作"喜怒"（丁士涵说）。

(7) 五欲：指耳、目、口、鼻、心之欲望。

(8) 二凶：即前后文之"喜"、"怒"。

(9) 擅匈："擅"，据有、占据。"匈"同"胸"。

(10) 生：性。

(11) 乐：音乐。下文"节乐"之"乐"指喜乐。

【今译】

人的生命,天赋予他精神,地赋予他其形体,两者和合而形成人。有了和气就有生命,没有和气就没有生命。考察和气,其中的精微不可察见,其中的信验也不可言喻。次序条理存于胸中,这样便能长寿。喜怒过度,就要设法调控。要节制声色等五种欲望,去除喜怒两大祸害。不妄喜妄怒,让平和中正的品格占据胸中。

人的生性本当平和中正来主宰,平正之性所以失去,一定是因为喜怒忧患等的侵袭。所以说诗可以节制忿怒,音乐可以去除烦忧,礼可以调节喜乐,行为谨敬可以持守礼仪,内心静定可以端正行为。内心静定行为端正,可使平正的本性复归,并使本性保持稳定。

【诠释】

这一章提出了许多重要的观点,如天地人的关系、察和之道、礼乐的文化熏陶、外敬内静以及反性的主张。

一、天地人一体观

稷下道家认为:人是由天地和合而生,人的精神由天而来,人的形体由地而来。因此,天地乃是人存在的母体。这不只是体现了古代道家将人和宇宙视为不可分关系的具体论说,也是道家天地人一体观的具体说明。

二、和谐之道

稷下道家特别重视由天与地的作用所产生的精与形之“和”，以为天地的和谐方能产生人形体精神的和谐，这观点在《老子》思想中已经有所透露，如第四十二章：“万物负阴而抱阳，冲气以为和。”又如《庄子·田子方》：“至阴肃肃，至阳赫赫；肃肃出乎天，赫赫发乎地，两者交通成和而物生焉。”这和谐的观念表现在万物生成之一面。

总之，和谐观在道家各派中均受到特别的强调，无论身心的和谐或人与天地的和谐。

三、诗乐的文化熏陶与反性之说

人秉赋了天地的和谐而生，能达到身心的和谐，是因为天地具有平正的特性，因此人也秉赋了安宁的特性，故提出了返性之说，人本具有安和之性，因受外界的搅扰而失去和谐——如何返性、定性，就成了稷下道家十分重视的课题。在这里稷下道家不仅提出了外敬内静的修养工夫，还提出了诗、乐、礼的文化熏陶，这是老庄中所忽略的。

十 五

凡食之道,大充[(1)],傷而形不臧[(2)];大攝[(3)],骨枯而血沍[(4)]。充攝之間[(5)],此謂和成[(6)],精之所舍而知之所生。飢飽之失度,乃爲之圖。飽則疾動,飢則廣思[(7)],老則長慮[(8)]。飽不疾動,氣不通於四末[(9)];飢不廣思,飽而不廢[(10)];老不長慮,困乃遬竭[(11)]。大心而敢[(12)],寬氣而廣,其形安而不移,能守一而棄萬苛[(13)]。見利不誘,見害不懼。寬舒而仁,獨樂其身,是謂雲氣[(14)],意行似天。

【注释】

(1) 大充:饮食过饱。

(2) 伤而形不臧:当作"气伤而形戕",与"骨枯血沍"相对(许维遹说)。"戕",伤。

(3) 大摄:饮食过少。"摄",节敛。

(4) 血沍:血脉凝滞运转困难。"沍",凝闭,停滞。

(5) 充摄之间:饥饱适中。"之"犹"适","间"犹"中"。

(6) 和成:指达到气脉和谐运作的境界。

(7) 广思:缓慢思虑(戴望说)。

(8) 长虑:郭沫若以为当作"忘虑"。按:疑当作"畏虑"之义。

(9) 四末:四肢。

(10) 饱而不废:"饱"疑作"食"(戴望说)。"废"读为"发",发散消化(张佩纶说)。

(11) 乃:犹"而",连词。

(12) 大心而敢:丁士涵以为"敢"当作"放"。

(13) 能守一而弃万苛:"守一"犹"营魄抱一"(《老子》第十一章)之"抱一",谓心形相守合一。"苛"借为"疴",疾病。

(14) 云气:当即前文之"抟气"。"云"与"员"、"圆"同,《说文》圆,团也,《文选》注引司马云"抟,团也"。又或以当作"灵气"或"运气"。

【今译】

就人的饮食规律而言,过饱则毁伤脉气、损害形体;过饥则筋骨枯损、血液滞结。饥饱适中,这便是达到了气脉和谐运作的境界,也是精气汇集而智慧生发的原因。饮食饥饱失调,就必须设法调节。饮食过饱就快运动,过饥就要柔缓思虑,衰老就要避免思虑。如果吃得过饱又不尽快运动,则脉气不能通达四肢;过饥却不缓思,则虽进食也难于消化;衰老却不尽量避免思虑,则身心困疲而迅速衰竭。心胸开阔,浩气舒广,形体安闲,四肢坚固,就能身心合一百病尽除。见利而不迷惑,临危而不忧惧,身心宽舒而仁爱万物,居处平易自得其乐,这就是抟气的境界,人的意气精神也将往来自如似运行于天宇之间。

【诠释】

本篇反复依养形、修身、聚气这主题来论述。

本章具体地提出了稷下道家的养生论。这里不仅认为养生要适度,并说明了适度养生的具体内容:主张养生不仅要在饮食、思虑上加以调节,更重要的是调息体内的真气——即“云气”,如此便能“意行似天”,使人的精神意气往来自如,自由地运行于天地宇宙之间,这实际上是“抟气如神”的情境表现。在人格气象上并能达到“大心而敢,宽气而广”、“宽舒而仁,独乐其身”,这种对抟气后所达到的人格气象的描述,犹如尼采在《查拉图斯特拉如是说》最后一章所描绘的强健且灿然的昂然神态;“翌日清晨,查拉图斯特拉从他休息之处跃起,束紧腰带,走出他的洞穴,强健且灿然,好似旭日升起于黑暗的群山之中……”

总而言之,稷下道家将形上之道具象化而为精气,并视精气为一切生命之源,认为养护精气不仅可使人健康、长寿,更可以积德成智,养育出一种昂然开阔、顶天立地的人格气象。

十　六

凡人之生也,必以其歡。憂則失紀,怒則失端。憂悲喜怒(1),道乃無處。愛欲靜之,遇亂正之(2)。勿引勿推,福將自歸。彼道自來,可藉與謀(3)。靜則得之,躁則失之。靈氣在心[4]，一來一逝，其細無內，其大無外。所以失之，以躁爲害。心能執靜，道將自定。得道之人，理丞而屯〈毛〉泄[5]，胸中無敗。節欲之道，萬物不害。

【注释】

(1) 喜怒：疑当作"忿怒"。"忧悲"承"忧则失纪"说，"忿怒"承"怒则失端"说。

(2) 遇乱：当作"愚乱"（章炳麟，《管子余义》），愚妄邪乱。

(3) 可借与谋：即可借之以谋。"借"，凭借。"与"犹"以"，连词。

(4) 灵气：指精气在心已生为智慧者。

(5) 理丞而屯〈毛〉泄："理"，腠理，指皮肤之间。"丞"同"蒸"，散发。"屯"为"毛"字之讹（王念孙说）。

【今译】

人的生性，必以欢畅。忧悲则失条理，忿怒会失端绪。忧悲忿怒，则精气不能留处。贪爱欲利之情应当静止它，愚妄邪乱之心应当矫正它。不强求取，不强推乱，福气会自然来归。道的归来，可凭借它去谋事应物。静定则得道，躁动则失道。灵气往来于胸中，其精微不可再分割，其广大不可究其极。人们所以会失去它，是由于躁动为害。心能守静，精气自然留止。得到精气的人，体内恶气会经过皮肤毛孔蒸泄于外，胸中毫无腐败邪秽之物。

节制欲望的道理，就是使万物不能为害于人。

【诠释】

如前所说，稷下道家继承了老子的形上之道，并将道转化为精气，而以“心”、“气”作为主要的论述范畴。所谓“精气”是极精灵细微之气，所谓“道乃无处”、“彼道自来”、“道将自定”之“道”即是“精气”的同义词。这精气是“其细无内，其大无外”的，弥漫充塞于宇宙之间，且是无所不在的。

人若要将此精气留止于“心”，那么就应当保持心情的欢畅，力图消除情绪上忧悲喜怒的拘着束缚，心更要执守静定，戒躁节欲，并加以养护，如此精气自能留处于心；得此精气之人，不仅能长寿健康，更能养成心胸开阔、志气昂扬的人格气概。

〈心术上〉注译与诠释

“心术”亦即心的功能。本篇探讨心在认识过程中的作用而申论君主治国的方法。开篇提出心体君位之说，末了阐述“贵因”主张。它是稷下道家借“心术”而推衍“主术”的一篇重要论文。

本篇分前经后解，经文和解文均分为五章。郭沫若《管子集校》谓：“上篇前经后解，经乃先生学案，解乃讲习录。”经文和解文第一章论说心与九窍异职、君上与臣下异事。经文和解文第二章论说圣人无求无设之虚道。经文和解文第三章论说道德与义、礼、法相互之关系。经文和解文第四章论说真人不主观预设的因顺态度。经文和解文第五章论说循名责实的应物之道。经文和解文第六章论述圣人虚而无为的“静因之道”。

经·一

心之在體，君之在位也；九竅之有職，官之分也。心處其道，九竅循理。嗜欲充益[1]，目不見色，耳不聞聲。故曰[2]上離其道，下失其事。毋代馬走，使盡其力；毋代鳥飛,使弊其羽翼[3];毋先物動,以觀其則[4];動則失位,靜乃自得。

【注释】

(1) 充益:即充溢、过度。

(2) 故曰:这两字涉解文之"故曰"而抄衍(戴望、俞樾说)。

(3) 使弊其羽翼:"弊"同"敝",尽。"羽"盖衍字(陈奂说)。

(4) 以观其则:谓静观事物运动的法则。"则",法则,规律。

【今译】

心在人体,如同国君居于统治地位;九窍各具功能,如同百官各有分职。如果心按正常规律活动,则九窍运作都有条理。嗜欲过度,则目不能视色,耳不能听声。这就好像君上不遵道而行,则臣下必荒误职事。不要代替马去奔跑,让它竭尽自己的足力;不要代替鸟去飞翔,让它充分使用自己的羽力;不要在事物未显现几微时便率先行动,要静观事物运动法则。妄动就会离失君上所应处的位置,虚静自守乃能自得自如。

【诠释】

一、心与九窍各异其事,延伸君与臣各异其能

本章论及三层重要的政治观点,首先由心形关系论说君臣异

职;其次提出君上无为臣下有为的分工原则;再者提出“以观其则”的认识方法。

稷下道家由“心术”引论“主术”,篇首开宗明义地宣说:“心之在体,君之在位也;九窍之有职,官之分也”,此乃由心形关系在个人整体中之不同作用,以喻君臣在国家整体中之不同职分。这种由“心”的功能引出治理国政的方法,与柏拉图理想国的主张颇为相似。但柏拉图由治身而治国的理论,旨在巩固君主专政及贵族统治,而战国黄老则继承老子无为思想,意在限制君权私意的扩张。道家之“无为”并非放手不为,老子主张“为无为”,要求君主之作为不逾一己之本分,本含顺应民情之意。稷下道家为顺应时代需求,继承老子不干预的无为思想,并赋予其新的内涵,将老子“无为而无不为”转化为“君上无为而臣下有为”。

战国中后期,官僚制度之兴起,百官共治之态势业已形成。黄老以此首次提出含蕴几层意义之分工治国原则,以应和时代之呼声:首先要求君主不得滥施权力,此即“毋代马走”、“毋代鸟飞”,正是老子“无为”及庄子所言勿“越俎代庖”之精神。其次,各级官吏分层负责各司其职,正乃“处道循理”之论。所谓“处道”,指向君主仅需掌握重大政策,规划主要方向,不必抓紧权力不放。

在君臣分工之原则下,稷下道家提出“静乃自得”及“以观其则”的命题。前者晓谕君主须稍安勿躁,躁动失位及君主越权乃黄老所忌;后者所谓“毋先物动,以观其则”,乃要人客观认识外在的情势,进而掌握其可行的通则。由静观到寻求外在事物运行之法则，“以观其则”一命题正是治国之道认识层面的基础。

归结而言，此章乃由老学到黄老之学一脉相承之发展。由治身到治国乃“一理之术”，在《老子》中即可发现此思想之线索，如第十章所言：“载营魄抱一，能无离乎？专气致柔，能婴儿乎？涤除玄览，能无疵乎？爱民治国，能无为乎？”此即由治身推及治国。又第五十四章言及“故以身观身，以家观家，以乡观乡，以国观国，以天下观天下”亦然。因此在〈解一〉中所言“心术者，无为而制窍者也，故曰：‘君’”，“心术”实乃主术。

老学泛言君道，黄老则进而倡君臣之职能区分。就战国时期之思想趋势而言，黄老此等君无为而臣有为且各司其职的主张，实为时代之主流思潮。如《荀子》〈天论〉、〈解蔽〉等篇中所谓“心体君位”之说，显然也受到黄老思潮的影响。

二、“道”与“理”之关系

此章将“处其道”与“循理”并提，并言及其中的因果关系，此涉道家“道”与“理”一对重要哲学范畴。老子未言及“理”字，然“常”的思想，已指明事物运行变化中有着不变的律则存在。至《庄子》，“理”的重要性则跃然于纸，而“万物殊理，道不私故无名”（〈则阳〉）以及“知道者必达于理”（〈秋水〉），更是“道”与“理”并言。而后《韩非》在〈解老〉中，似将《老子》第十四章所言“是谓道纪”之“纪”解为“理”，并引进“理”来解释老子的“道”，所谓“万物各异理，而道尽稽万物之理”。

如此“道”、“理”并言，在黄老之代表作品《黄帝四经》中尤为重要，如“逆顺同道而异理”(〈四度〉)、“执道而循理”(同上)、“正道循理”(〈论〉)等。在庄子思想中，“理”同时指涉万物殊别之特性(“万物殊理”)及其存在变化之真相(“万物之理”)，“道”则是其形上根据。然而在黄老思想中，“理”的提出却有着特殊的意义。从本章“处道循理”作为政治层面的根本原则，再参考《黄帝四经·经法·四度》中所言“天地之道，人之理也”，则知“理”在黄老思想中，是特就“道”落实在人事层面，特别是政治作为上取法天道而有的行事原则。在理论上，“理”一概念具有连接抽象的形上之道与具体人事作为的关键意义。

解·一

“心之在體，君之位也；九竅之有職，官之分也。”耳目者，視聽之官也。心而無與於視聽之事，則官得守其分矣。夫心有欲者，物過而目不見，聲至而耳不聞也，故曰“上離其道，下失其事。”故曰心術者[1]，無爲而制竅者也，故曰“君”。“無代馬走”，“無代鳥飛”，此言不奪能，能〈而〉不與下誠〈成〉也[2]。“毋先物動”者，搖者不定，趮者不靜，言動之不可以觀〔其則〕也[3]。“位”者，謂其所立也。人主者，立於陰；陰者靜，故曰“動則失位”。陰能制陽矣，靜則能制動矣，故曰“靜乃自得”。

【注释】

(1) 心术者：今本“心术”前衍“故曰”两字。据王念孙校删。

(2) 不夺能，能〈而〉不与下诚〈成〉：下“能”字读“而”，“诚”当作“成”（于省吾、吴汝纶说）。“成”有齐平、重复之义。“不夺能而不与下成”是说君臣分工各异而不相重复。

(3) 毋先物动者，摇者不定，趮者不静，言动之不可以观〔其则〕也：“趮”同“躁”。“观”下今本脱“其则”二字（丁士涵说）。依解文体例，“言”字当前移至“摇者不定”句上。

【今译】

“心之在体，君之位也；九窍之有职，官之分也”。这是说耳目为视听的官能，心如果不干预视听之事，则视听等官能便可各守其职。心存贪欲，则目不能视物，耳不能听声，所以说：“上离其道，下失其事”。心的功能，当无为而控制九窍，所以称为“君”。“无代马走，无代鸟飞”，是说君上不剥夺臣下的职能、不与臣下的工作等同。“毋先物动”，是说摇动便不能正定，躁疾便不能安静，摇动躁疾便无法观照事物运动的规律。所谓“位”，是指君主所处的位置。作为君主，应当处在阴的位置上，阴属静，所以说“动则失位”。处于阴的位置便可制伏阳，处于静的位置便可制伏动,所以说"静乃自得"。

【诠释】

本章解文强调君道之不干涉思想:所谓"无与于"、"不夺能",便是将无为思想赋予不得越权干涉臣民的明确规范。

所谓"心术者,无为而制窍者也",已将"心术"扩延至"主术"。所谓"无为而制窍",即是人君作为要保持冷静客观的态度,切忌急躁轻率以行事。这也是老子所谓"静为躁君"之说的引申。

君道需遵守三个基本原则:一是"无与于";二是"不夺能";三是"静能制动"。第一条原则,在于限制君主权力运用上的主观随意性。第二条原则,在于规定君主之不得越位侵职行为。第三条原则,在于晓喻君主要在建立君臣职能之区分法则以及着意于掌握重要的治国方案上。总之,这三原则要在减低人治的为害而具有法治的倾向,这正是黄老主"时变"的时代精神之体现。

经·二

道不遠而難極也,與人并處而難得也。虛其欲,神將入舍(1);掃除不潔,神乃〈不〉留處(2)。人皆欲智,而莫索其所以智乎(3)。智乎,智乎,投之海外無自奪(4)。求之者,不及虛之者(5),夫正〈聖〉人無求之也,故能虛無(6)。

【注释】

(1) 神将入舍:“神”,指道、精气。“入舍”,归来并留止。

(2) 扫除不洁,神乃〈不〉留处:“扫除”,喻指清净心神。“不洁”,指扫除之不彻底、不干净。“乃”为“不”字之讹,解文云“不洁则神不处”可证。

(3) 乎:衍字(王念孙说)。

(4) 投之海外无自夺:“自”,从(尹注)。此言真正的智慧是远投海外他人也无从夺走的。

(5) 求之者,不及虚之者:“及虚”今本作“得处”。“得”当作“及”,草书形近讹。“处”当为“虚”字之误。依郭沫若之说改(《管子集校》,下引同)。

(6) 夫正〈圣〉人无求之也,故能虚无:“正”为“圣”之音讹,“虚无”之“无”字衍(王念孙说)。

【今译】

道离人并不遥远,却难以探求它的究竟,与人共处,却难以让人获得。虚心摒欲,精气就将进入心里;不扫除污浊的物欲,精气便不会停留下来。人们都希望聪明灵慧,却不知考察如何才能获得智慧。智慧呀,智慧呀,远投海外他人也无从夺走。求索智慧,不如保持内心虚净,圣人无所索求,所以心胸能够虚空开豁。

【诠释】

本章论及“道”、“虚”以及“智”三项要点，分述如下：

一、论道以及道与人心的关系

老子之“道”具有的玄远性格，使其未和心发生直接关联，“道”须透过“德”才落实下来而具人文意义。至战国中期，在庄子与黄老等道家思想的进一步发展中，“道”始与“心”密切相关。

庄子在论及“心斋”时言“虚者，心斋也”（〈人间世〉），以“虚”为“心斋”的内涵。而又言“唯道集虚”（同上），“心斋”之“虚”能明“道”，则“道”已然密切落实在“心”中。

稷下道家则将老子的形上之“道”具象化而为“精气”，使其和人“心”发生直接的关联。“心”和“道”的关联表现在互摄的两层意义中：一方面，心以“虚”、“静”等工夫而纳聚道之精气，增强人身心之生命能量，并开展出明达的智慧与德行；同时，“心”亦透过虚、静而在此等饱满的生命力中，展现明睿之认识能力，来认知“道”的形上律则与价值原理，进而落实至人间层面以为人事指导。可以说，同时涵蕴“精气”性质与形上律则性质之“道”，透过人“心”以“虚”等工夫之修养而加以聚纳及认识下，它虽似玄秘却已密切地不离人身。此即本章所言“道不远而难极也，与人并处而难得也。虚其欲，神将入舍”。“道”如此透过人心而与人不相离之意涵，亦见于〈内业〉“彼道不远，民得以产；彼道不远，民得以知”、“夫道者，所以充形也……卒乎乃在于心”以及“道满天下，普在民所”之论。

二、“虚”的认识意义

在《老子》中，“虚”主要蕴含两层意义，其一指向空间，如“天地之间，其犹橐籥乎？虚而不屈，动而愈出”（第五章）；其次则是心境的描述，所谓“致虚极，守静笃，万物并作，吾以观复”（第十六章）。而“虚”指向心境的意义中，其中所内蕴的认识意义，亦即以主体之“虚”而“观”万物复命之“常”，则在稷下道家得到深刻的发挥。

“虚”是稷下道家之重要概念，第二章之经文与解文，“虚”即出现八次；而在整篇〈心术〉中，“虚”更是多达二十次。“虚”到了稷下道家，老子“虚”的意义已然得到更细腻的发挥。就空间意义而言，稷下道家一方面将“虚”提升至形上之“道”的层次，所谓“虚无无形之谓道”（〈心术上〉）；同时说“虚者，万物之始”，又将其意义提高至万物之始的宇宙论层级中。

在认识论层面，老子“虚”以“观复”的认识意含，是涵纳在心灵境界整体的展现中，老子未就此认识功能加以关注。稷下道家则将“虚”的意义引入认识过程中，主体与客体彼此关系之层面。“虚”成为主体得以如实认识客体所必须具有的前提，此前提即是“无求”的心态，亦即排除主体之成见与贪欲。

三、重智说

老、庄并不反智，只是着重反省机心与智巧所造成的负面结果，稷下道家则呈现出重“智”的思想倾向。除了本章经文说“智乎！智乎！投之海外无自夺”，重“智”之说亦可见于其他稷下道家作品。如《管子·宙合》言“聪明以知则博”；〈枢言〉亦言“国有宝、有器、有用。……圣智，器也。……先王重其宝器……”。

除了反映稷下道家重“智”的思想，本章经文尚且讨论了“智”与“所以智”之别。“知”与“智”二字虽在古籍中常通用，不过若细加分别，“知”着重于指向意识中的认识内容；而“智”则是指认识内容彻底内化于认识主体，进而影响其身心。前者有知识之含义，后者则是智慧的彰显。

稷下虽重“智”，但更深入探讨获得“智”的基础。而这尤其着重指出认识主体欲成就智慧所需具有的心灵境界。经文所言“求之者，不及虚之者”，“虚”正是“所以智”在主体认识基础上的具体意义。

解·二

道在天地之間也，其大無外，其小無內，故曰“不遠而難極也”。虛之與人也無間，唯聖人得虛道，故曰“并處而難得”。世人之所職者精也(1)，去欲則宣(2)，宣則靜矣；靜則精，精則獨立矣(3)；獨則明，明則神矣。神者至貴也，故館不辟除(4)，則貴人不舍焉，故曰“不潔則神不處”。“人皆欲知，而莫索之(5)”。其所以知，彼也(6)；其所以知，此也[7]。不修之此,焉能知彼?修之此,莫能虛矣[8]。虛者,無藏也[9],故曰去知則奚率求矣[10]?無藏則奚設矣?無求無設則無慮,無慮則反覆虛矣[11]。

【注释】

(1) 世人之所职者精也:"职",主。"精"指心意专一(赵守正说)。

(2) 宣:通畅。

(3) 独立:"立"字衍(刘师培说)。"独",纯粹。

(4) 故馆不辟除:"故"字疑衍。"辟除",打扫、扫除。

(5) 而莫索之:"之"指代经文的"所以智"。

(6) 其所以知,彼也:"以"字衍(吴汝纶说)。"彼",指外界,是认识的对象。

(7) 此:指内心,是认识的主体。

(8) 莫能虚矣:"能"读为"而",如(张文虎说)。

(9) 无藏:不怀藏机心,指心中不怀成见。

(10) 故曰去知则奚率求矣:"曰"、"率"二字衍(王念孙说)。"奚",何。

(11) 反复虚:"反复"即"返复",谓还归于虚无。

【今译】

道存在于天地之间,它可以包罗广大的宇宙,也可以深入细微的事物中,所以说"不远而难极"。众人与虚并无间隔,但只有圣人才能得到虚道,所以说"并处而难得”。世人应做到的是心意专一，去除欲念九窍就能通畅，九窍通畅心境就能安静下来；心境安静下来就能专一，专一就能纯粹；纯粹就能精明，精明就能出神入化。道是至为尊贵的，心舍没有打扫，道这个贵人就不会居处，所以说“不洁则神不处”。“人们都希望聪慧，却不知如何求索才能聪慧”。人们认识的对象，是外界事物；人们所以能够获得知识，乃在于人的本心。不修持本心，哪里能够获得对外界的认识？修持本心，最好的办法莫如使它处于虚的状态。所谓虚，是指排除主观的嗜欲成见，所以去除了智巧还有什么可求取的呢？不怀机心还有什么可预设的呢？无所求取、无所预设就无需图虑了，无所图虑就能还归于虚的境界了。

【诠释】

本章解文乃就经文关于“道”、“虚”之论加以深化，一方面阐述道的遍在性；同时由“虚”引出“静”、“精”、“独”、“明”、“神”等概念，并阐明“虚”在此与彼的认识关系中，所具有的关键地位。

一、将道之“不远而难极”以“其大无外，其小无内”解之

老子之“道”为四域之一，呈现出超越于万物的独立实存性。

至战国中期，老学经由庄子以及稷下道家的进一步发展，其中“道”的意涵已呈现出空间的无限性。

庄子透过东郭子问道之恶乎在，言明道之“无所不在”且“无逃乎物”。而〈天道〉篇中亦言“夫道，于大不终，于小不遗，故万物备”。“道”的“无所不在”，显现出它的无限性，并已落实为遍在于万物之中。

稷下道家亦将老子的玄远之道，既泛化为无所不在，又内在于万物之中。解文所言的“其大无外，其小无内”，正和“其细无内，其大无外”(〈内业〉)、“大之无外，小之无内”(《管子·宙合》)等稷下道家之说，同是阐发“道”的无所不在。

二、“虚”认识意义之阐发

解文首先由“虚”层层引出“静”、“精”、“独”、“明”、“神”等概念，以此强调“虚”在精神修养上的关键性。

其次，以“彼”与“此”分别代表认识上所知之客体与所以知之主体，并强调主体需修养出灵明之心境，方能如实认识客体。而“虚”正是心境修养最为关键之工夫，亦即解文所言“修之此，莫能虚矣”。

“虚”即是“无藏”。在认识上指认知主体之内心不预设成见，不用心图虑。主体不被一己之成见蒙蔽，则能呈显灵明之本心。

经·三

虚無無形謂之道[1],化育萬物謂之德。君臣、父子人間之事謂之義[2]。登降揖讓、貴賤有等、親疏之體謂之禮[3],簡物小大一道[4],殺僇禁誅謂之法。

【注释】

(1) 虚无无形:当作"虚无形"。《文选》注引此句有的本子即作"虚无形"。《黄帝四经·经法·道法》"虚无形,其寂冥冥"是此辞例。王念孙则以"虚无无形"作"虚而无形"。

(2) 君臣、父子人间之事谓之义:"事"当作"理"(郭沫若说)。"理",条理,指人们之间具有合理性的联系。

(3) 登降揖让、贵贱有等、亲疏之体谓之礼:"登降揖让",指主宾相见的规矩仪节。"有等"二字为衍文(张舜徽说)。"体",体统,指不同身份者之间关系的合乎体统。

(4) 简物小大一道:"大",今本作"未"。"未"疑"大"字之误(丁士涵说)。"简"与"物"对文,"物"有众、杂之意。"简物小大一道",言不问事之繁简、物之大小,其本一也(郭沫若说)。

【今译】

虚而无形,称为道;化育万物,称为德。君臣父子等人间关系各得其宜称为义;升降揖让、贵贱等级、亲疏体统，称为礼；无论繁简大小的事务都遵守同一原则，并辅之以杀戮禁罚，这称为法。

【诠释】

本章经文一方面言及“道”之体、用问题；同时由此引出“义”、“礼”、“法”的社会作用。

一、道之体、用

经文首先描述道体的虚无无形，继而言德而具体展现其化育万物之作用，此乃承《老子》第五十一章“道生之，德畜之”道与德之关系而来。

虚无无形之道体在创生万物之后，并非即和万物毫不相关，而是继续内在于万物，成为畜养万物的化育力量。这化育万物的功能，老子称之为“德”，道与德因此成为老子宇宙论中解释万物生成最为重要的一组范畴。然而老子的道、德范畴，显然不限于宇宙论层面。就形上层面而言，“道”可以指向万物的存在基础。若落实于人来说，存在基础则具体展现为价值根源。只是“道”的价值根源亦须透过“德”来展现其人间秩序合理维系之规准。此是道用在价值层面的具体意义，而经文所言及的道之体、用，亦正在此意义脉络中。

二、"义"、"礼"、"法"的社会功能

"道"透过"德"而落实为人的价值要求，此包含人间秩序合理维系之规准。若分别而言，此等规准即经文所论维持君臣父子合宜关系之"义"、区别尊卑贵贱之"礼"，以及结合赏罚以齐一事务之"法"。

经文提纲挈领地将"道"、"德"与用以维持社会秩序之"义"、"礼"、"法"等规范并论，一方面呈现出黄老因应战国宗法制度愈形复杂，甚而周文已然礼崩乐坏之时代情势而提出的正面因应；同时也可看出黄老禀承自老子，而为此等社会规范奠立一形上价值依据的思维脉络。

解・三

天之道，"虛其無形"。虛則不屈[(1)]，無形則無所位〈低〉赶[(2)]；無所位〈低〉赶，故徧流萬物而不變[(3)]。"德"者道之舍[(4)]，物得以生生，知得以職道之精[(5)]。故德者，得也；得也者，謂得其所以然也[(6)]。以無爲之謂道，舍之之謂德，故道之與德無間[(7)]，故言之者不別也。〔人〕間之理者，謂其所以舍也[(8)]。"義"者，謂各處其宜也。"禮"者，因人之情，緣義之理，而爲之節文者也[(9)]。故禮者，謂有

理也;理也者,明分以諭義之意也(10)。故禮出乎義,義出乎理,理因乎宜者也(11)。"法"者,所以同出(12),不得不然者也,故殺僇禁誅以一之也。故事督乎法(13),法出乎權(14),權出乎道。

【注释】

(1) 不屈:此句本于《老子》第五章,"不屈",不竭。

(2) 位〈低〉:"位"字当作"低",即"抵忤"(王引之说),抵触。

(3) 遍流万物而不变:"流",化(《广雅·释诂三》)。此言道化万物而自身不变。

(4) 舍:施,施用。

(5) 物得以生生,知得以职道之精:"生生",有变化与不断产生新物的意思。"知"同"智"(张秉楠说)。"职"通"识"(张文虎说)。"精",精微,底蕴。按:此处原文或当作"物得以生,生得以智,知得以职道之精"。

(6) 谓得其所以然也:今本作"其谓所得以然也",据郭沫若《管子集校》改。"所以然",指道。

(7) 故道之与德无间:"故"字疑衍。

(8) 〔人〕间之理者,谓其所以舍也:"间"上脱"人"字(郭沫若说)。"其"指道。"舍",施用。此言人间之理,即是道的具体施用。

(9) 为之节文:设制各种仪节。

(10) 明分以谕义:"明分",分清各种等级身份。"谕",明晓。

(11) 礼出乎义,义出乎理,理因乎宜:此当作"礼出乎理,理出乎义，义因乎宜”(王引之说)。

(12) 同出:“出”，谓参差。“同出”，谓统一其参差(郭沫若说)。按:“出”疑为“之”字之讹。“之”、“出”形近，并涉前后文之“出”而讹。《仪礼》之“出”字，武威出土竹简即有写作“㞢”(之)者。“同之”即下文的“一之”，换文同义。

(13) 督:监督，监察。

(14) 权:权衡。

【今译】

天道虚而无形。因为虚所以不会枯竭，因为无形所以无所抵忤;无所抵忤，所以普化万物而它自身不会改变。德是道的具体体现。万物借它得以生生不息，心智借它得以体认道的精蕴。因此德就是得的意思，所谓得，是指万物得到它本然的东西。因为无为被称作道，施用被称为德，道和德之间本没有间隔，所以人们称呼它们的时候也就往往不区别。所谓“人间之理”，指的就是道的具体施用。所谓“义”，是指使事物处置合宜。所谓“礼”，就是因依人的情性，顺随义的道理而制定的各种仪节。所以礼就是指事物之间联系的合理性，理是指分清各种等级身份并使人懂得义的意思。因此礼是出于情理的，情理受义的制约，而义是顺随事物之间的合宜性。法，是用以齐同事物，因为客观本身存在着不得不如此的情形，所以只好通过杀戮禁诛来统一协调它们。所以说事物要由法来监察,法要经过慎重的权衡来制定,而权衡的根据就是道。

【诠释】

解文继续阐发道与德之关系,并论及"礼"在人情义理上之根据,同时深入阐发援礼、法以入道之深义。

一、道与德之关系

解文首先言及道体生化万物而自身却是不变,亦即"遍流万物而不变"。"德"则是"道"作用于万物的体现,换句话说亦即是万物禀承自"道"者。此即解文所言"德者,道之舍"以及"德者,得也;得也者,谓得其所以然"之意。

另外,解文论及"天道"乃是"虚则不屈",而《老子》第五章言"天地之间,其犹橐籥乎?虚而不屈,动而愈出",因此,所谓"物得以生生"一方面承继老子道之"周行而不殆",反复运行而令万物化育不已之生化力量;同时亦可看出〈系辞〉中所谓"生生之谓易",正源于稷下道家此种生生不息的精神。

二、礼者,因人之情,缘义之理

礼之所以要设制各种礼节,在于使社会中人明确个人的名分与职守。稷下道家于此,则特别强调礼的因顺人情之重要,并且要求情、理能够平衡兼顾。

时至战国中期,儒家倡导之礼已然成为僵化之虚文,以致违逆人情义理。故而稷下道家提出“因人之情”的礼观,为礼节仪文溯源人性之基础。

稷下道家如此以人性情理为基础之礼观,正是符合时代要求。如庄子的人性反省,令其不免发出“仁义其非人情乎”之叹,而郭店楚墓出土竹简如〈性自命出〉一篇,亦有“道生于情”之论,此等皆可代表当时重新思考礼、义等社会规范之人性基础的思想氛围。

三、援礼、法以入道

透过德的中介,道得以落实于人文层面而展现其价值根源意涵。而以此价值根源为依据,便可展现有本有源、合情适性包含礼、义等社会规范之人文活动。可以说,稷下道家即是将礼、法等视为道的延伸。在道的准则下,倡导法制与礼义教化的作用。

经·四

大道可安而不可說。直〈眞〉人之言[(1)],不義不顧〈頗〉[(2)]。不出於口,不見於色,四海之人,又孰知其則[(3)]。

【注释】

(1) 直〈真〉人:“直”当作“真”(王念孙说)。

(2) 不义不顾〈颇〉:"义",读俄,倾斜之意。"顾",乃"颇"字之讹(郭沫若说)。
(3) 又孰知其则:"又"字疑衍(丁士涵说)。

【今译】

大道可以安处下来但不可以表述。真人之言,不偏不颇。其言不出于口,其理不形于色,四海之人,谁能知道它的仪则。

【诠释】

本章经文首先论及"道"之不可言说性,此即承续老子"道可道,非常道,名可名,非常名"道之超越名言的论点而来。道对于人来说,乃是人透过虚、静等工夫之修养,以使一己之身心涵纳道之精气,让心灵臻于道之境域,即令"道"得以安处于"心"中。因此,道须经人亲身修养以达,非言语论说之对象。

至于"真人"正是指向体道之人,经文中"真人之言,不义不颇"之叙述,则于《庄子》"古之真人,其状义而不朋"(〈大宗师〉)之说有所禀承。

解·四

道也者,動不見其形,施不見其德,萬物皆以得,然莫知其極[(1)]。故曰“可安而不可說”也。“莫〈眞〉人”，言至也[(2)]。“不宜”，言應也。應也者，非吾所設，故能無宜也[(3)]。“不顧〈頗〉”，言因也。因也者，非吾所顧〈取〉[(4)]，故無顧〈頗〉也。“不出於口，不見於色”，言無形也；“四海之人，孰知其則”，言深圅也[(5)]。

【注释】

(1) 万物皆以得，然莫知其极：万物皆因道而获得生命，但却没人知道道究竟是怎样的。郭嵩焘说此二句当作“万物皆得以然，莫知其极”，亦通。

(2) 莫〈真〉人，言至也：“莫人”当作“真人”（王念孙说）。此言所谓真人，指的是得到至道的人。

(3) 不宜，言应也。应也者，非吾所设，故能无宜也：此二“宜”字即经文之“义”。“不宜”、“无宜”，不偏之意。与下文“不顾〈颇〉”、“无顾〈颇〉”同义。

(4) 非吾所顾〈取〉：“顾”当作“取”（俞樾、郭沫若说）。

(5) 深圅：“圅”，用以隔闭的墙垣。“深圅”，深邃闭隔。

【今译】

“道”，运动时不见它的形状，施用时不见它的德能，万物都从它那里获得支撑，但没人知道它的终极是怎样的。所以说“可安而不可说也”。“真人”，指的是得到至道的人。“不偏”，说的是应物的道理。所谓应物，是指并非出于自己事前有所预设，所以能做到不偏差。“不颇”，说的是因顺的道理。所谓因顺，是指并非出于自己主观择取，所以不会有偏颇。“不出于口，不形于色”，说的是无形的道理；“四海之人，孰知其则”，说的是深邃闭隔的道理。

【诠释】

体悟至道的真人，心态与行事既是不偏不倚，同时亦不留滞于言语的表现中，此正为老、庄肯定的精神内涵。而稷下道家则将此精神内涵侧重往具体行事与认识层面发展。

解文言及“真人”的依道而行，乃具体表现在不以个人主观意志而强有所“设”有所“取”。反是以无私见之认识心如实掌握客观环境情况，再同时顺应情况而客观行事，此即“因”、“应”之认识与行事原则。

经·五

天口虛，地口靜，乃不伐(1)。潔其宮，開其門(2)，去私毋言，神明若存(3)。紛乎其若亂(4)，靜之而自治。強不能徧立，智不能盡謀。物固有形，形固有名，名當，謂之聖人[5]。故必知不言〔之言〕[6]、無爲之事，然後知道之紀。殊形異埶，不〈而〉與萬物異理[7]，故可以爲天下始。

【注释】

(1) 伐：当作“貣”，即“忒”，过失（俞樾说）。

(2) 洁其宫，开其门：“宫”，馆舍，喻心。“门”，指口、耳、目等感官系统。“开其门”，解文作“阙其门”，张文虎以为均当作“关其门”。《老子》第五十二章有云“闭其门”，指安静感官。按：作“开其门”亦通。

(3) 神明若存：智慧就产生。“神明”，此处指道、精气。“若”，乃，于是。

(4) 纷乎其若乱：“纷”，指嗜欲纷杂过度。“其”，指心。“若”，乃，于是。

(5) 名当，谓之圣人：“名”，名称，概念。“名当”疑当作“形名当”。

(6) 不言〔之言〕：今本夺“之言”两字，据后文解文增补。

(7) 殊形异执，不与万物异理：“执”即“势”。“形执”，指所处之位置、环境。“不”当为“而”字之讹。此言所处位置殊异，故而圣人与众物异理。

【今译】

天道虚，地道静，无差误。洁净心舍，敞开官能，涤除私欲而不妄言语，道便能安处下来。嗜欲纷杂心灵就会紊乱，安静下来就自然会有条理。靠强力成事终将有所不能，凭智巧谋事毕竟有所不及。凡物皆有形态，有形态就有规定它的名称，使名称与形态相符，这就称为圣人。所以一定要先懂得不言之言、无为之为的道理，然后才能懂得道的纲纪。万物千差万别，所处位置、环境不同，圣人能因顺万事万物不同理则，所以能成为天下的主导。

【诠释】

本章解文一方面论及“洁其宫，开其门”之认识心问题，同时在“形名”问题上亦有所讨论，而了解外在事物的“殊形异势”以及须“与万物异理”之要求，亦为经文论述之要点。

一、“洁其宫，开其门”之认识心

人效法天、地之虚静，天之虚阔能涵容广大；地之凝静能令万物蓬勃生长。人的认识机能朝向外在世界，则一己须保持空虚而开畅之心境。能如此，则在纷纭万物中方能理出一规律，方能获得一清明之认识。能至此，即是道家所谓之“神明”。

二、形名问题

经文提出“物固有形，形固有名”的观点，突出“形”与“名”两者之客观依存。并以“名当”之名实相符作为形、名两者应有的适切关系。

“形”、“名”问题密切关联社会政治层面，牵涉人物角色在实际作为与名分间的配合。解文除了同样着眼于社会政治层面的关注，形、名问题的提出，则以深入至认识层面，由“名”、“实”间的关系，给予“形”、“名”在社会政治实际运作层面，提供一认识思维上的基础。

三、“万物异理”与“殊形异执”之体认

圣人一方面要执守“道纪”，同时要能通晓“万物异理”之特殊性，并能有“殊形异势”时势迁异之认识。在依循道的原则中，又能因顺事物间殊异之理，以及情势之随时迁变而权宜行事，如此方能为万物之主导。

解·五

天之道虛，地之道靜。虛則不屈，靜則不變，不變則無過，故曰“不伐(貸)”[1]。“潔其宮，闕其門”[2]，宮者，謂心也，心也者，智之舍也，故曰“宮”；潔之者，去好過〈惡〉也[3]。門者，謂耳目也，耳目者，所以聞見也[4]。“物固有形，形固有名”，此言〔名〕不得過實，實不得延名[5]。姑形以形，以形務名[6]，督言正名，故曰“聖人”。“不言之言”，應也；應也者，以其爲之人者也[7]。執其名，務其應，所以成之、應之道也[8]。“無爲之道”[9],因也,因也者,無益無損也。以其形,因爲之名,此因之術也。名者,聖人之所以紀萬物也[10]。人者立於強,務於善,未於能[11],動於故者也。聖人無之,無之則與物異矣[12]。異則虛,虛者,萬物之始也,故曰“可以爲天下始”。

【注释】

(1) 不伐(贷):当作“不贷”,即“不忒”,无过失(说见〈经·五〉)。

(2) 阙其门:疑当作“关其门”或“闭其门”(说见〈经·五〉)。或以为“阙”为“开”字之讹。作“阙”亦通。《汉书·王莽传》注“阙,不合也”,不合其门即开其门。

(3) 好过〈恶〉:当作“好恶”(丁士涵说)。

(4) 耳目者,所以闻见也:郭沫若以为此下当有夺文。按:〈形势解〉与此情形相同,疑解文本非是对经文一一作解。

(5) 此言〔名〕不得过实,实不得延名:“此言”下脱一“名”字(王念孙说)。《尔雅·释诂》:“延,进也”,亦有超过之义。

(6) 姑形以形,以形务名:“姑”当作“故”(张佩纶说)。“形以形”三字衍(张舜徽说)。“故以形务名”即下文“以其形为之名”。“务”,求。

(7) 以其为之人者也:此当作“以其出为之入者也”(张舜徽说)。此与下文“以其形为之名”句法相同。“出入”、“形名”等为战国常见的论题。“出”,谓事或物之动出,客观之所显现者。“入”,接受、应接,谓主观之所反应者。【今译】依张舜徽之说。

(8) 执其名，务其应，所以成之、应之道也：此当作“执其名，务其所以成，此应之道也”（王念孙、许维遹说）。“执名务成”即“循名责实”（“务”，责求；“成”，实效，成效）。

(9) 无为之道：“道”疑当作“为”。“无为之为”与前文“不言之言”相对。

(10) 纪：统领，治理。

(11) 务于善，未于能：“善”通“缮”，修饰（赵守正说）。“务于善者，好为踵事增华之粉饰”（郭沫若说）。“未”同“昧”，迷。“未于能”，执迷于一己之能。

(12) 无之则与物异矣：“之”，指代上述的“立于强，务于善，未于能，动于故”。“物”，众，众人，与上文“人者立于强”之“人”同义。

【今译】

天道虚，地道静。虚则不枯竭，静则不妄动，不妄动则无过失，所以说“不忒”。“洁其宫，阙其门”，“宫”比喻的是心，心是智慧的居舍，所以称为“宫”；所谓清洁，是指去除好恶之情。“门”比喻的是耳目，耳目是用以视听的。“物固有形，形固有名”，这是说名不能过实，实不得过名。所以根据事物的形态而求得相应的名称，监察事物的言行而正定相应的名分，这就称为圣人。“不言之言”，说的是应物的道理；所谓应物，是指根据事物的动作而做出适当的应接。依据人的不同名分，责求其相应的客观成效，这就是“应”的道理。“无为之道”，说的是因顺的道理，所谓因顺，是指不主观做出增损改易。根据其实形，于是给它一个称呼，这就是“因”的方法。名称，是圣人用来治理万物的。众人只知矜持于逞强，勉力于修饰，执迷于己能，行动于智巧。圣人却不讲究这些，所以与众人不同。与众不同便能达到虚的境界，虚，是万物的始原，所以说：可以为天下始。

【诠释】

一、“洁其宫，开其门”以阐发认识心

在认识活动中，“洁其宫”正是指向扫除内心成见还显灵明本心之工夫。而心灵一旦明洁则能“开其门”，耳目等认识感官即能畅通无碍，心透过此便能如实认识客体之本然。

二、“名”、“实”问题的提出

解文进一步对于经文“形”、“名”相称当的“名当”之说，提出“名不得过实，实不得延名”、“以形务名”以及“督言止名”等命题以作更细腻的阐释。

在“名不得过实，实不得延名”名实相符的要求中，解文“以形务名”以及“督言正名”之说，意指根据事物的实际形态而求得相应的名称，以及监察人物言行而正定相应的名分之意义下，已然强调“实”是“名”设立的依据，“实”相较于“名”，显然呈现出逻辑上的优先性。可以说，稷下道家在“名”、“实”问题上，虽同儒家一样言及“正名”之论，不过稷下道家是以“实”作为第一性；而儒家虽亦强调“名实相符”，但显然不放松诸如君臣父子长幼等名分在礼义规范中所具有的重要地位。是故，在逻辑上“名”不必然屈于“实”之下。

三、论及“因”之道

解文同时提及“因”的概念，然而未对“因”下界说，而是强调其乃“无益无损”的态度，亦即对于事物的认知不作主观的增减。因此所谓“顺因”，即是如实地反映外在的对象。

具体来说，“因”即是“虚”。意指排除个人主观的好恶与偏见，以无私之心顺应外在事物之实情而行事。

经·六

人之可殺，以其惡死也；其可不利，以其好利也。是以君子不怵(1)乎好，不迫乎惡，恬愉無爲，去知與故(2)。其應也，非所設也(3)；其動也，非所取也。過在自用，罪在變化(4)。是故有道之君子(5),其處也,若無知;其應物也,若偶之(6),靜因之道也(7)。

【注释】

(1) 怵:同"訹",诱惑(王念孙说)。

(2) 故:诈伪。

(3) 其应也,非所设也:"应",应物。"设",预设。

(4) 变化:指对事物妄作改变(张秉楠说)。按:〈内业〉、〈心术下〉均有"不化"、"不移"之论。

(5) 君子:今本"君"下夺"子"字,据上文及下解补。

(6) 偶之:谓无所用心而自然契合。

(7) 静因:虚静因循。赵守正说:"'静因之道',言排除主观的嗜欲成见,完全依照客观事物自身的规律行事。"(《管子通解》)

【今译】

人之所以可通过杀戮来惩戒,是因为人们怕死;人之所以可通过不利来劝阻,是因为人们好利。所以君子不被所喜好的东西所诱惑,也不被所厌恶的东西所迫胁,恬淡愉悦、清静无为,摒弃智巧、不用伪诈。他应对事物,不主观预设;他行为举动,不妄自索取。人们的过失在于自用智巧,人们的罪过在于妄作改变。所以有道的君子,他平日自处,若无智虑;他动而应物,似天然契合,这就是虚静因循的道理。

【诠释】

经文论及两项要点，分别探讨所谓的“静因之道”，以及认识机能所以无法如实掌握外物之因由。

一、静因之道

“静因之道”即经文所言“其应也，非所设也；其动也，非所取也”，意指排除主观成见，依于客观规律以行事。这和《庄子·天下》评慎到“决然无主，趣物而不两，不顾于虑，不谋于知”以及“无建己”、“无用知”之论，有相通之旨趣。

“静因之道”既是应物之原则，同时更涵括黄老重要的认识方法。所谓“静”，指摈除个人主观之臆断，亦即避免先入为主的预设立场；“因”则是因循顺应，因顺事物本来之情状。

二、阻碍认识机能之因由

心处虚静灵明之境，便得以如实认知外在事物之实情。然而人一方面以其“好利”而执着于嗜欲之中，致本心之清明遭受蒙蔽；同时又好为“自用”，而沦于使一己独断行事甚而主观的妄图改变对象以符己意，终致无法了解事物之客观真相。因此，人一方面须“不怵乎好”、“不迫乎恶”，不为一己之所好与所恶扰心；同时须摈除主观智巧，以无私识物且以无心应物，方能还显灵明之认识本心。

解·六

人迫於惡,則失其所好;怵於好,則忘其所惡;非道也。故曰"不怵乎好,不迫乎惡"。惡不失其理,欲不過其情,故曰"君子"。"恬愉無爲,去智與故",言虚素也。"其應非所設也,其動非所取也",此言因也。因也者,舍己而以物爲法者也(1)。感而後應,非所設也;緣理而動,非所取也。"過在自用,罪在變化",自用則不虚,不虚則仵於物矣(2)。變化則爲生(3),爲生則亂矣,故道貴因。因者,因其能者,言所用也(4)。"君子之處也若無知",言至虚也。"其應物也,若偶之",言時適也(5),若影之象形、響之應聲也。故物至則應,過則舍矣。舍矣者,言復所於虚也(6)。

【注释】

(1) 舍己而以物为法者也:去除主观私见而以客观为法则。"物",指客观。

(2) 仵于物:与客观相抵忤。

(3) 变化则为生:"为"通"伪"。此言改变了道心则诈伪之心生。

(4) 因者,因其能者,言所用也:按:此当作"因者,言因其能而用者也”。今本次序有误,“而”讹为“所”。“能”,指人之特长。

(5) 时适:即“适时”,合于时宜。

(6) 言复所于虚也:“所”字衍(李哲明说)。又按:“所” 盖“反”字之讹。

【今译】

一般人被所厌恶的东西所胁迫,就会失去原来所喜欢的;被所喜欢的东西所诱惑,就会忘记所厌恶的。这些都不符合“道”,所以说“不怵乎好,不迫乎恶”。厌恶不失去道理,喜欢也不超过常情,所以称为“君子”。“恬愉无为,去智与故”,说的是虚无素朴。“其应非所设也,其动非所取也”,这说的是因顺的道理。所谓因顺,指的是去主观私见而以客观为准则。有感于物而后做出应接,并非事先就有所预设;顺随事物情理而后行动,并非有所求取。“过在自用,罪在变化”,自用智巧则不能虚静,不能虚静便与客观相抵忤。改变了道心则诈伪萌生,诈伪萌生必然混乱,所以“道”贵在因循。所谓“因”,是说因顺人物的特长而发挥他的作用。“君子之处也若无知”,说的是至虚的境界。“其应物也,若偶之”,说的是合于时宜的道理,就如同影子随形、回音应声一样。所以事物出现了就随之做出应接,过去也就不再追究。事物过去而不再追究。是说内心又重归于虚静境界。

【诠释】

解文首先提出“道贵因”的命题，并对“因”下界说；接着提出“情”、“理”平衡之要求。

一、“因”之具体意义

解文由“舍己而以物为法”以及“因其能”两个层面，阐释“因”之具体意义。前者即是抛弃一己之私见而纯然取法事物客观之准则，“因”在此意义呈现为行事作为上的认识基础；后者则指向具体作为之技术层面，尤其在为政举措上。“因其能”意指能因顺个人之才能与特点，使其能适切的发挥所长。

二、情理平衡之关注

解文针对人“好利”、好为“自用”之情，以情理平衡之角度来协调理性与情感。黄老重视情理间的平衡，然而此思想内涵向来似为学界所忽视。

情、理对举，屡见于《管子》四篇，除了本篇〈心术上〉言及“因人之情，缘义之理”，〈白心〉亦言“言其理则知其情”，不偏重于情或理而强调二者之平衡，乃是稷下道家在先秦诸子思想间的独特处。

〈心术下〉注译与诠释

〈心术下〉主旨是论述养形、修心、聚气与治理天下的关系。本篇共分五章。第一章说心形双修方能聚气，聚气则能取法天道、循名责实而治理天下。第二章论心神的专一静定。第三章论心与形、君与民的关系，并提出百姓执道则可自觉自治。第四章论圣人之道的特性以及不能正确理解和应用道则乱生。第五章论内心正静则可得道，得道即可达到天地境界。

一

形不正者德不來，中不精〈靜〉者心不治[(1)]。正形飾德[(2)]，萬物畢得。翼然自來[(3)]，神莫知其極。昭知天下，通于四極。是故曰無以物亂官，毋以官亂心，此之謂內德[(4)]。是故意氣定然後反正[(5)]。氣者身之充也，行者正之義也[(6)]。充不美則心不得，行不正則民不服。是故聖人若天然，無私覆也；若地然，無私載也。私者，亂天下者也。凡物載名而來(7)，聖人因而財(裁)之而天下治(8)。〔名〕實不傷(9)，不亂于天下而天下治。

【注释】

(1) 形不正者德不来，中不精〈静〉者心不治："者"音"则"，连词。"德"，指精气。"精"，当从〈内业〉第七章作"静"。

(2) 饰德：修德。

(3) 翼然自来："翼"犹"翼翼"，连绵盛多。"翼然自来"犹〈内业〉第七章"淫然自至"。

(4) 内德：即内得。〈内业〉作"中得"。

(5) 反正：复归平正之性。

(6) 行者正之义也：当作"正者行之仪也"(郭沫若说)。

(7) 凡物载名而来：物皆承载著名称而来，即所谓"物必有名"。

(8) 财：同"裁"裁断，判断。

(9) 〔名〕实不伤："实不伤"上脱一"名"字。"伤"犹"爽"，差误(郭沫若说)。按：此"名实"即呼应前文之"名物"。

【今译】

形体不端正则精气不来，内部不安静则心神不理。正形修德，万物得宜。精气不断到来，神妙莫测。人的智慧可以洞察天下，贯通天地。所以说不让外物惑乱感官功能，不让感官功能惑乱心神，这就称为内有所得。因此先让意念脉气静定下来，然后才能复归人的平正之性。气是充实身体的，端正是行为的准则。充实体内的气如果不美则心神便不安稳，行为不端正则人民不听从。因此圣人像天无私覆、地无私载一样普爱万物。私心，是乱天下的东西。凡物皆有名称，圣人据此裁断天下而天下可以治理。使名实相符而无差误，不使它淆乱天下则天下就会治理。

【诠释】

一、〈心术下〉与〈内业〉的关系

本篇文字和〈内业〉多有相同或相近之处，显然两篇密切相关，而其相关性存在着以下几种可能：

其一，〈心术下〉可能是〈内业〉的摘录，并加上摘录者个人的论点。因为〈心术下〉有多处与〈内业〉文字相同，且冠以"故曰"字样。而"故曰"中所引，即见于〈内业〉；其二，〈内业〉可能是根据〈心术下〉扩充而成，然而这种假设较难成立，因〈心术下〉文章极不完整，疑是残卷，而〈内业〉则立论完整；其三，两文可能皆是稷下学士聆听稷下先生讲课所作的笔记，也即是说，此两文可能另有祖本。

根据现存文献来看，我们以为〈心术下〉乃〈内业〉之副本。郭

沫若即以为:“此篇即〈内业〉篇别本之散简,前后遗失,仅余其中段而简次凌乱。”(见《管子集校》)

二、本章文字与〈内业〉之比较

本章起首曰:“形不正者德不来,中不精〈静〉者心不治。正形饰德”,和〈内业〉第七章所言“形不正,德不来;中不静,心不治。正形摄德”相近,而“是故曰”所引之文字“无以物乱官,毋以官乱心,此之谓内德”,显然即是〈内业〉第七章所言“不以物乱官,不以官乱心,是谓中得”。

三、本章要旨

由本章不见于〈内业〉之文字,可看出其特殊的意旨:

(一)名实观念

本章论及“凡物载名而来”,亦即物必有名的观念,为〈内业〉所无。名、实的关系呈现为“名实不伤”,名须与实相符。此种要求落实为政治层面“循名责实”的具体原则,成为天下得以大治的关键。

(二)聚养精气、取法天地之无私

本章以“气者身之充也”阐明气与人的关系。充满人身之气,一方面是生命能量的源头,同时又会影响人精神情性之质素。因此，若能抟聚气在人身的脉动运行，则人便得以反其性情之初，而使精神淳美谐和。

为政者以这样的心境排除个人的主观好恶，取法天地之无私而辅以循名责实的原则，这是本章所呈显的治道。

二

專于意，一於心，耳目端，知遠之證〈近〉(1)。能專乎，能一乎？能毋卜筮而知凶吉乎？能止乎？能已乎？能毋問於人而自得之於己乎(2)？故曰思之思之，〔思之〕不得(3)，鬼神教之。非鬼神之力也，其精氣之極也。

【注释】

(1) 知远之证〈近〉："之"犹"若"。"证"为"近"字之讹，此犹〈内业〉第十二章"虽远若近"（许维遹说）。"知远若近"，谓预知未来吉凶之事如了然近在咫尺。

(2) 能止乎？能已乎？能毋问于人而自得之于己乎："已"同"止"，均指持意静定。"自得之于己"，谓己心有所悟觉。

(3) 〔思之〕不得："不得"上夺"思之"二字（丁士涵等说）。

【今译】

专意一心，耳目端正，就可以预知未来如近在掌中。

能够专意一心吗？能够不需卜筮而预知未来吉凶吗？能持意静定吗？能够不求诸外界而自我悟觉吗？所以说反复地思索，在百思而不得的时候，鬼神会来开导。这并非真的是靠什么鬼神的力量，而是精气结聚已达到极致的结果。

【诠释】

一、本章文字与〈内业〉之比较

文章全部文字皆可在〈内业〉第十三章中找到相近或相同的内容。起首的"专于意，一于心，耳目端，知远之证〈近〉"和〈内业〉"四体既正，血气既静，一意抟心，耳目不淫，虽远若近"文意相通；而"能专乎？能一乎？能毋卜筮而知凶吉乎？能止乎？能已乎？能毋问于人而自得之于己乎"一段则与〈内业〉"能抟乎，能一乎，能无卜筮而知凶吉乎？能止乎，能已乎，能勿求诸人而得之己乎"文字几乎尽同。最后，本章章文"故曰"所引之文字"思之思之，思之不得，鬼神教之；非鬼神之力也，其精气之极也"，显然即是引自〈内业〉"思之，思之，又重思之，思之而不通，鬼神将通之。非鬼神之力也，精气之极也"。

二、本章要旨

本章承〈内业〉之旨，阐发人透过心神专一以聚养精气之论。

人一旦能聚集精气于“精舍”,精神即能开展出明睿的智慧,如此不须透过卜筮,不须询问于人即能了然吉凶之究竟。

本章章文言及不经卜筮即能得知吉凶之文字,除见于〈内业〉篇,亦与《黄帝四经·十大经·名刑》“静翳〈壹〉不动,来自至,去自往。能一乎,能止乎?能毋有己,能自择而尊理乎?”,以及《庄子·庚桑楚》“卫生之经,能抱一乎,能勿失乎,能无卜筮而知吉凶乎,能止乎,能已乎,能舍诸人而求诸己乎!”,彼此之文字与意旨相近。

三

一氣能變曰精,一事能變曰智(1)。慕選者,所以等事也;極變者,所以應物也(2)。慕選而不亂,極變而不煩(3)。執一之君子,執一而不失,能君萬物(4),日月之與同光,天地之與同理。聖人裁物,不爲物使。心安是國安也,心治是國治也。治也者心也,安也者心也。治心在於中,治言出於口(5),治事加於民,故功作而民從(6),則百姓治矣。所以操者非刑也(7),所以危者非怒也(8)。民人操(9),百姓治。

【注释】

(1) 一气能变曰精,一事能变曰智:〈内业〉第六章作“一物能化谓之神,一事能变谓之智”。“一”谓专一。“能”犹“乃”,而。此言专一于气而变化是为精妙,专一于事而掌握变化称作睿智。

(2) 慕选者，所以等事也；极变者，所以应物也："慕"当作"恭"(张舜徽说)，敬逊之义。"等"，齐、顺。这是说敬逊用以顺事，穷其变化用以应物。

(3) 慕选而不乱，极变而不烦："慕选"亦当"恭选(逊)"。这是说敬顺于事而不被事所打乱，穷物变化而不被物所烦扰。

(4) 执一之君子，执一而不失，能君万物："执一之"三字疑衍，似本作"君子执一而不失，能君万物"。

(5) 治言：指信实合理的声教言辞。

(6) 功作：功成。

(7) 操：把持，掌管。

(8) 危：同"畏"，使敬畏。

(9) 操：指掌握"道"。

【今译】

专一于气而变化是为精妙，专一于事而掌握变化称为睿智。敬逊用以顺事，穷其变化用以应物。敬顺于事而不混乱，穷物变化而不烦扰。君子守道不失，故能主宰万物，能与日月同辉，与天地同理。圣人裁制外物，而不被外物所役使。心安宁于是国家安宁，心治理于是国家治理。治理靠的是心自身，安宁靠的也是心自身。修治之心存于胸中，合理的声教言辞出于口，合宜之事施于人，所以功成而人民听从，于是百姓可得到治理。掌管百姓靠的不是刑罚，使百姓敬畏也不是靠威怒；百姓人人都掌握了道，这样就可以治理了。

【诠释】

一、本章文字与〈内业〉之比较

本章文字有三处相近同于〈内业〉第六章：首先，“一气能变曰精，一事能变曰智”与〈内业〉此章起首文字“一物能化谓之神，一事能变谓之智”相近；其次，“圣人裁物，不为物使”之语和〈内业〉“君子使物，不为物使”之说，在文字与涵义上皆相类；而“执一之君子，执一而不失，能君万物，日月之与同光，天地之与同理”则和〈内业〉所言“惟执一之君子能为此乎。执一不失，能君万物。君子使物，不为物使，执一之理”，语意和文字亦近相同。

二、本章要旨

(一)处事应物的态度

本章提及〈内业〉第六章所未言及的处事观念，即“慕选者，所以等事也；极变者，所以应物也”。这是主张以恭逊的态度因应于事物的客观情态，面对不同局势，则权变而为。

(二)执一之道

本章提及“执一”之道，正为章文要旨所在，而“执一”之意涵可分两个方面来说。首先，文中言及“一气”之概念，此语又见于《庄子》。〈大宗师〉言“游乎天地之一气”；〈知北游〉亦言“通天下之一气”。只是本章所言之“一气”不同于《庄子》本体层面之指涉；“一”乃作为动词用，为“专一”、“抟聚”之意。因此本章之“一气”便是指人透过心意之专一而抟聚精气。

其次，心意一旦专一而抟聚精气，则人主体精神将内凝明达而不外驰。如此，人一方面能明见外在事物之真相，同时得以客观依顺外物情态因应而为，既不为物所扰，又得以如实处物，则人实为外物之主，此亦即“裁物”、“君万物”之意。

心意专一而聚气之能使物，落实至政治层面来看，圣人正是以此而得天下治，此亦“心治是国治”意旨所在。

(三)重道而轻刑威

本章谈及“刑”、“怒”(即刑威)，〈内业〉则不重视。但此处认为，为政者虽掌握人民之死生，但治民不只靠刑罚、威怒，而是以道为治。此重道而轻刑罚的思想则与〈内业〉相通。

四

道，其本至也[(1)]，至不至無[(2)]，非所人而亂[(3)]。凡在有司執制者之利，非道也[(4)]。聖人之道，若存若亡，援而用之，歿世不亡[(5)]。與時變而不化，應物而不移[(6)]，日用之而不化〈亡〉(7)。

【注释】

(1) 道,其本至也:"其"犹"乃","本至"当作"至本",即大本(张舜徽说)。

(2) 至不至无:"至不"当作"至本"(张舜徽说)。"至无",至虚。

(3) 非所人而乱:"所"犹"其","而",则(许维遹说)。此言使用道者不得其人则乱生。

(4) 凡在有司执制者之利,非道也:"有司",百官。"执制",拘守法制。"利",谋求功利。此言百官群吏拘守法制以谋求功利,那并不是道。

(5) 殁世不亡:永不穷竭。

(6) 与时变而不化,应物而不移:"与"犹"随"。"移",摇动,扰动。此两句亦见〈内业〉,于省吾等以为"从物"当作"从物迁",与"与时变"相对。按:"与(随)时"与"应物"相对,"变"字疑衍。

(7) 日用之而不化〈亡〉:"化"字盖为"亡"字之讹,"日用之而不亡"当为"援而用之殁世不亡"的注语,误入正文(郭沫若亦以此句为衍文)。

【今译】

道,乃是天下的大本,大本是至虚的,使用道者不得其人则乱生。那些拘守法制谋求功利的百官群吏,是根本不懂得道的。圣人之道,若有若无,经常援用它,但它永不穷竭。圣人顺时应变而不被同化，随物推移而不被扰动。

【诠释】

一、本章文字与〈内业〉之比较

本章仅有一处文字和〈内业〉第五章近乎相同，即“与时变而不化，应物而不移”之说，和〈内业〉“是故圣人与时变而不化，从物而不移”，如出一辙。

二、本章要旨

此章意旨较为独立完整，主要有两项要点：

(一)道之本与用

章文首先言及“道”乃天下之大“本”，着重意指“道”作为万物存在的形上根据。而“至无”则指出“道”之“至本”的超越性。不过章文亦落实至人事层面言道用，并指出道之所用若不得其人，将有衍生祸乱之弊。

(二)评执法求利之非道

本章继而就拘守法令以求利益之徒，提出批评，以为其并非真正懂得“道”之义蕴。

五

人能正靜者，筋肕而骨強[1]，能載大圓者體乎大方，鏡大清者視乎大明[2]。正靜不失，日新其德，昭知天下，通於四極。全心[3]在中不可匿，外見於形容，可知於顏色。善氣迎人，親如弟兄；惡氣迎人，害於戈兵。不言之言，聞於雷鼓；全心之形，明於日月，察於父母。昔者明王之愛天下，故天下可附；暴王之惡天下，故天下可離。故賞[4]之不足以爲愛，刑之不足以爲惡。賞者愛之末也，刑者惡之末也。

【注释】

(1) 人能正静者，筋肕而骨强："者"当作"则"，属下，读作"人能正静，则筋肕而骨强"。"肕"同"韧"。

(2) 能载大圆者体乎大方，镜大清者视乎大明：二"者"字当作"而"(张舜徽说)。"大圆"指天。"体"同"履"。"大方"指地。"镜"义犹"视"。"大清"指月。"大明"指日。前文"天地"、"日月"对举与此同例。

(3) 全心："全心"今本作"金心"，据〈内业〉"全心在中"、"全心之形"改。

(4) 赏：今本作"货"，据俞樾《诸子平议》校改，下同。

【今译】

人能心正意静，则筋骨柔韧强健，便能顶天立地，览月视日。心正意静而无过失，不断完善其德，洞察天下，乃至整个宇宙。完善之心存于胸中是无法遮盖的，它自然会显现在容貌，流露在神情。脉气畅美，与人接触则如兄弟般亲切；脉气秽恶，与人接触则如利刃般伤人。不用言说的语言，却听如雷鼓；完善之心表现于外，如日月般昭明，似父母般明察。古时的明王爱惜天下，所以天下依附他；暴王仇恶天下，所以天下背离他。因此赏赐不足以表现爱惜，刑罚不足以表现厌恶。赏赐只是爱惜的末流，刑罚也只是厌恶的枝节。

【诠释】

一、本章文字与〈内业〉之比较

本章有四处文字和〈内业〉相近同，首先，起首所言“人能正静者，筋肕而骨强。能戴大圆者体乎大方，镜大清者视乎大明”，近于〈内业〉第十一章“人能正静，皮肤裕宽，耳目聪明，筋信而骨强。乃能戴大圜而履大方，鉴于大清，视于大明”；其次，“正静不失，日新其德，昭知天下，通于四极”语句则和〈内业〉同章所言“敬慎无忒，日新其德；遍知天下，穷于四极”相近；又“全心在中不可匿，外见于形容，可知于颜色。善气迎人，亲如弟兄；恶气迎人，害于戈兵。不言之言，闻于雷鼓；全心之形，明于日月，察于父母”之说，亦类于〈内业〉第十二章所言“全心在中，不可蔽匿，和〈知〉于形容，见于肤色。善气迎人，亲于弟兄；恶气迎人，害于戎兵。不言之声，疾于雷鼓；心气之形，明于日月，察于父母”；最后，“故赏之不足以为爱，刑之不足以为恶。赏者爱之末也，刑者恶之末也”，语意近于〈内业〉同章“赏不足以劝善，刑不足以惩过。气意得而天下服，心意定而天下听”。

二、本章要旨

本章主旨大致和〈内业〉第十一章相通，在阐明“正静”能带给人心意集中，且体魄强健的身心效果。

六

凡民之生也(1)，必以正平。所以失之者，必以喜樂哀怒。節怒莫若樂(2)，節樂莫若禮，守禮莫若敬(3)。外敬而內靜者，必反其性。

豈無利事哉？我無利心；豈無安處哉？我無安心。心之中又有心。意以先言(4)，意然後形(5)，形然後思，思然後知。

凡心之形,過知失生[(6)]。是故內聚以爲〔泉〕原[(7)],泉之不竭,表裡遂通[(8)];泉之不涸,四支堅固[(9)]。能令用之[(10)],被及〈服〉四圄〈固〉[(11)]。是故聖人一言解之,上察于天,下察于地[(12)]。

【注释】

(1) 生:性。

(2) 乐:音乐。

(3) 守礼莫若敬:丁士涵据〈内业〉文,以为此句下脱“守敬莫若静”。

(4) 意以先言:意念的产生先于语言。

(5) 形:传达。

(6) 凡心之形,过知失生:“形”,指心体,心之实体。“失生”,伤性。

(7) 〔泉〕原:“原”上脱“泉”字,据刘绩说补。

(8) 通:王念孙说当作“达”,与“竭”同叶月部韵。

(9) 支:肢。

(10) 能令:如若。

(11) 被及〈服〉四圄〈固〉:“及”今本作“服”,“圄”今本作“固”,据王念孙校改。“圄”同“圉”。“四圉”犹四陲、四海。

(12) 圣人一言解之,上察于天,下察于地:“一言解之”当从《黄帝四经·十大经·成法》及〈内业〉作“一言之解”。“一言”指“道”。“解”,道埋、精妙。“察”同“际”,至 。

【今译】

人的生性，本当以中正平和来主导；平正之性所以失去，一定是因为喜乐哀怒情绪等的侵袭。音乐可以节制忿怒，礼可以调节喜乐，行为谨敬可以持守礼仪。行为谨敬内心静定，可使平正的本性复归。

怎么没有好事可做呢？只怕自己没有好心；怎么没有安宁之处呢？只怕自己没有安善之心。心之中又有心。意念的产生先于语言，有了意念然后就要传达出来，传达意念便有了思考，有了思考便可以产生智慧。

就心体来说，智虑过度就会伤害其本然之性。所以要内聚精气作为生命的源泉，这个源泉不枯竭，身体的皮肤脏器都会畅达；这个源泉不干涸，四肢就会强壮。如能应用此道，则能广被四海。所以圣人之道的精妙上通于天，下贯于地。

【诠释】

一、本章文字与〈内业〉之比较

本章共有六处与〈内业〉文字相近同，以下依主题分项叙述：

(一)关于礼乐

本章言“节怒莫若乐，节乐莫若礼，守礼莫若敬。外敬而内静者，必反其性”。〈内业〉第十四章云:“止怒莫若诗,去忧莫若乐,节乐莫若礼,守礼莫若敬。内静外敬,能反其性,性将大定。”两说相同。

(二)“安心”之说

章文所言“岂无利事哉? 我无利心 ;岂无安处哉? 我无安心”,其意旨近于〈内业〉第九章“何谓解之? 在于心安。我心治,官乃治;我心安,官乃安。治之者心也,安之者心也”。而〈内业〉之说于义较完整。

(三)心之中又有心

本章所言“心之中又有心”与〈内业〉第九章“心以藏心,心之中又有心焉”之说相同。

(四)言、意

章文言“意以先言,意然后形,形然后思,思然后知”与〈内业〉第九章“意以先言,意然后形,形然后言,言然后使,使然后治,不治必乱,乱乃死”以及第十三章“思索生知”之说相近。

(五)内聚

章文所言“是故内聚以为〔泉〕原,泉之不竭,表里遂通;泉之不涸,四支坚固”,与〈内业〉第十章“精存自生,其外安荣。内藏以为泉原,浩然和平,以为气渊。渊之不涸,四体乃固;泉之不竭,九窍遂通”所言相近。

(六)一言之解

章文言“能令用之,被及四圄。是故圣人一言解之,上察于天,下察于地”,与〈内业〉第九章言“道满天下,普在民所,民不能知也。一言之解,上察于天,下极于地,蟠满九洲”相近。另外《黄帝四经·十大经·成法》中所言“一之解,察于天地;一之理,施于四海”,亦与此相近。

二、本章要旨

本章与文字相近的〈内业〉各篇意旨相通,大致有三要点:

(一)安心、聚气之说

本章注意到心念的扰动与复杂而提出“安心”的要求,并由“心”的安定以聚集精气来阐明心灵淳和以及体魄强健的身心和谐之境。

(二)礼乐观

本章由“反性”的角度来说明礼、乐的意义,极为重要。章文首先注意到“喜怒哀乐”诸般情绪使人失去“正平”之本性,而透过使人外在行为得以谨敬且内心静定的礼乐之作,人得以调和情绪而复反正平之常性。归结而言,此即以“外敬内静”以及“反性之说”为核心的礼乐观。

(三)言、意、心、知之论

本章相当细腻的分析了认识上关于言、意的问题。指出意念先于语言,因为有了意念就会产生包括语言的传达行为。而意念的传达衍生诸般思考,有了思考便得以产生智慧。

如此层次分明的以意→言、形→思→知,来阐述认识进程上的理论次序,既分析了言与意的关系,同时合理地说明了智慧产生之由,避免于将智慧视为直觉的产物,此和黄老重“智”的实用性有关。

〈白心〉注译与诠释

〈白心〉意为洁白其心，即〈心术上〉所谓“洁其官”、“虚其欲”。本篇提出了许多重要的命题，如“建当立有”、“原始计实”、“置常立仪”、“形性相葆”、“和以反中”、“名正法备”、“随变断事”、“知时为度”、“审量出入”、“观物所载”、“以靖为宗”、“以时为实”、“知时为度”等。

本篇共分八章。第一章为全篇之纲，论执持道德，守静因时。第二章论正名定物。第三章通过分析强弱骄卑之蓄积转化论“知时”、“随变”之理。第四章论审量出入、天道盈亏之理。第五章论无形之“道”主宰着天、地、人，它使整个宇宙得以成为一个自然运作的必然王国。第六章论圣人修、治之道皆应不着迹象。第七章论圣人戒盈防满。第八章论说怎样使心与道冥合，扣住本篇以“道”主“心”之旨。

一

建當立有(1)，以靖爲宗(2)，以時爲寶，以政爲儀(3)，和則能久[4]。非吾儀,雖利不爲;非吾當[5],雖利不行;非吾道,雖利不取。

上之隨天,其次隨人。人不倡不和,天不始不隨。故其言也不廢,其事也不隨(墮)[6]。

【注释】

(1)建当立有:"当"犹"道","有"犹"德"。"道"者"常无","德"者"常有"(《老子》第一章),下章首句"原始计实"回应此句,"当"与"有"互文足义。

(2)以靖为宗:"靖"同"静"。"宗",根本。

(3)以政为仪:"政"同"正"。"仪",则,准则。

(4)和:总和,指上文虚静,适时、中正。

(5)当:与"仪"、"道"换文义近。"当"与"道"散文则同,共文稍异。在此是适度、准度之义。

(6)随(堕):当作"堕",同"隳",毁败(王念孙说)。

【今译】

建立道确立德,以虚静为根本,以适时为法宝,以中正为准则,这三者都做到了就能长久。不合仪则的,虽有利也不去做;不合准度的,虽有利也不采取行动;不合于道的,虽有利也不去求取。

首先要顺随天道,其次要顺随人道。人道无首倡者不去应和，天道未先动不去顺随。所发的言论就不会失当，所从行的事业不会失败。

【诠释】

本章一方面言及“靖”(静)、“时”等秉承自老子的重要概念，同时在天人关系上表现出“应天顺人”的态度。分述如下：

一、老学至黄老之学的发展线索

“靖”(静)、“时”等概念的提出，反映了黄老思想阐发老学的一面。老子讲“静”，所谓“致虚极，守静笃，万物并作，吾以观复”。“静”和“虚”并言，皆是人得以明观万物本然的必要心境。老子亦谈“时”，所谓“动善时”，即体察人事作为而掌握适当时机。

通观本章首段，提出“静”、“时”“正(政)”等理念，落实到具体政治层面而以静身待物、适时而作、中正不偏以及三者的和谐运用，作为主政者的治国原则，这正呈现出老学至黄老在理论发展上的脉络。

二、天人之间

在以天道指导人事的思维背景中，圣人或为政者既要依循天道之律则，不以己意妄动；同时在以之指导人事作为时，亦须顺应人事的实际情况，灵活权宜而为。

古人强调顺天应人，在天人关系中，此处着重在随顺(“随”)，亦即承继老子"不为始"之意。

二

原始計實(1),本其所生。知其象則索其形,緣其理則知其情,索其端則知其名。故苞物衆者莫大于天地,化物多者莫多于日月,民之所急莫急于水火。然而天不爲一物枉其時,明君聖人亦不爲一人枉其法(2)。天行其所行,而萬物被其利。聖人亦行其所行,而百姓被其利。是故萬物均既誇衆矣(3)。是以聖人之治也,靜身以待之,物至而名自治之。正名自治之,奇身名廢〈奇名自廢〉(4)。名正法備,則聖人無事。

【注释】

(1)原始计实:"原",追究,溯源。"始",本始,指"道"。"计",考察。"实",落实,指"德"。此谓追究本始的道而考察向下落实的德。

(2)明君圣人亦不为一人枉其法:"明君"疑为衍字(丁士涵说)。《管子》四篇之"圣人",在论治术时称为"君",在论修养时则曰"君子",未见"明君圣人"或"君子圣人"连言者。

(3)万物均既夸众矣:"万物",兼指"物"和"人"。"夸",富。"夸众"即"富庶"。此言天下万物均平而且富庶。

(4)正名自治之,奇身名废〈奇名自废〉:"之"字衍,"奇身名废"当作"奇名自废"(王引之说)。"正名",形名正定。"奇"即"倚",读为"攲",倾斜不正。两"自"字读为"则"。〈宙合〉"名倚则乱"即此"奇名自废"。

【今译】

追究本始的道而考察落实的德,了解事物出现的根源。知道了事物的形象便可以了解它的形质,依据它的事理便可懂得他的情实,探究它的始端便可以知道它的名称。天地包罗万物最为广大,日月阴阳化育万物最为盛多,水与火与百姓的关系最为密切。然而天不因为一物而乱其时令,圣人也不因为一人而乱其法度。天道依照它自己的规径运行,万物就会得到它的好处;圣人也依照他的法度去办,百姓便会蒙受好处。所有的一切都均平而且富庶。因此圣人的治理天下,安静其身以应接事物,事物出现便有相应的名称去规定它。形名正定则治理,形名不正则废乱。形名确定法度具备,则圣人就安闲无事了。

【诠释】

一、"原始计实"的意含

老子抱道建德,旨在使形上界与形器界贯通一体。黄老"建当立有”、“原始计实”则更向社会倾斜而落向“实”“有”处。

“始”指向形上之道，“实”则是意谓道落实后成就的“德”。黄老重视人间实际层面，既重视道指导人生的形上律则，更看重落实后的德之具体意义。“原始计实”正反映出黄老由“道”趋“德”的要求。

事物的“象”、“形”、“理”、“情”以及“端”、“名”，乃是“道”透过“德”在事物上不同层面的显现。对于此等层面的考察与了解，正是落实至经验层面而以之直探道与德之意含。可以说形上之道对人事作为的抽象指导，已然具体落实在事物的象、形、理、情以及名言层面的掌握与运作上。

二、形名问题

由“象”索“形”，由“端”知“名”之论，已涉及认识层面的形名问题。这里首先要人正视事物之形与名二层面。透过观察所呈现的貌象，得以索知事物的形态；而由原察事物发生之端绪，则能赋予事物应有之名号。

在厘清探知与设立形名的认识依据后，于政治层面的实际运作中，形名的关系乃落实在为政者秉涵虚静以待物，而后依据事物情态规定予适切的名号。在政治层面，名号能否切合事物实情，关系到为政之治乱。名实相符则国治，不符则国乱，这便是所谓“正名自治之，奇身名废〈奇名自废〉”之意。

形名在政治层面的此层意义尚见于黄老相关作品，如《管子·

宙合》言“名倚则乱”，《黄帝四经》中〈前道〉篇言及“名正者治，名奇者乱。奇名不立”以及〈道法〉言及的“名形已定，物自为正”，都强调形名相符乃是治国的关键。因此本章总结而言“名正法备，圣人无事”，以形名相符配合上法度的完备，来成就圣人无须作为的政治功效，这也是由形名法度的具体层面对老子“无为”思想加以发展。

三、情理平衡

人间社会种种设施，需发乎情依于理。故而稷下道家对典章制度与道德规范，力求情与理兼顾（如〈心术上〉所说：“礼者，因人之情，缘义之理”）。《庄子》说：“和理出其性”（〈缮性〉），但于道德规范则喊出：“仁义其非人情乎！”这是由于“人情”遭受社会规范压制而发出的呼声。本章“缘理知情”的提出，则是将视野投向外在世界，意即首要探究万物活动的规律，如此才能了解其实情——认识它的存在样态和真相。

四、天道与人道并举

“天不为一物枉其时，圣人亦不为一人枉其法”，这是以“天”的特性与律则来类比“人”应有的作为原则，呈现出人事取法天道的价值取向。“天”的运行有其常则，万物之生养依此常则而序其时、蒙其利。“天”的这种均等而不偏私的特性，显然承袭自老子“天道无亲”的观点。

天道无私以常则待物，则人事作为亦须屏除个人之私，由形名法度之常，客观以行事。

三

不可常居也，不可廢舍也，隨變斷事也，知時以爲度。大者寬，小者局，物有所餘，有所不足。兵之出，出于人；其人入，入于身(1)。兵之勝，從于適；德之來，從于身(2)。故曰祥于鬼者義于人(3)，兵不義不可。強而驕者損其強，弱而驕者亟死亡；強而卑義信其強，弱而卑義免于罪(4)。是故驕之餘卑，卑之餘驕(5)。

【注释】

(1)兵之出，出于人；其人入，入于身："其人入"当作"其入"，衍"人"字（王念孙说）。"兵"，兵戎之事，指战争。"出"，发动。"入"，应接。此言战争的发动在于他人，而应接却在于自己。

(2)兵之胜，从于适；德之来，从于身："适"，顺从、遵循。此言兵胜之道在于顺循天道、地道、人道，道德的建立在于己身之修养。

(3)故曰祥于鬼者义于人："故曰"，标明是引古语。"祥"，顺。"义"，宜。

(4)强而卑义信其强，弱而卑义免于罪：此当读作"强而卑，宜伸其强；弱而卑，宜免于罪”（于省吾说）。“义”同“宜”。“信”同“伸”，发展、增强。“罪”，罪罚、祸患。此言强大而能谦卑，则宜乎其强大可增长；弱小而谦卑，则宜乎其祸患可避免。又：“义”，或为“者”（钟肇鹏、孙开泰《管子简释》注释）。

(5)骄之余卑，卑之余骄：“骄”当读为《礼记·中庸》“强哉矫”的“矫”，孔颖达疏：“矫是壮大之形，所云强貌也。”此言强壮发展到最后必然卑弱，卑弱蓄到最后必然强壮。

【今译】

不可以常居旧舍，也不可以废舍而无居，这就是说应该顺随变化而决断事情，审知时宜以为法度。大者宽裕，小者局促；然而物有所宽裕，也必然有所不足。战争的发动在于他人，对战争的应接却在于自己。兵胜之道在于顺循天道、地道、人道，道德的建立在于己身的修养。所以说要顺鬼神之道并合宜于人道，用兵不义不能成功。强大骄横则会减损其强，弱小骄横则会迅速灭亡；强大而能谦卑则宜乎其强大可增长，弱小而谦卑则宜乎其祸患可避免。所以强壮发展到最后必然卑弱，卑弱蓄积到最后必然强壮。

【诠释】

本章阐释了以下几个要点：

一、重时变

黄老重视与时而变，旨在适时顺应局势之变迁。圣人虽依循"道"之常则以行事，然仍需视情势变迁而权宜因应，不能一味死守常规。司马谈〈论六家要指〉所言"与时迁移，应物变化"正反映这种思想内涵。

二、论大、小

道家在认识论层面的讨论中，常论及"大"、"小"一对概念。《老子》第六十三章言及"大小多少"，其中"大小"一词的意义既指向人以不同的认识观点来区判事物的大小之别，同时也可能意指事物的发展乃由小而渐渐积累至大。至庄子，则纯然由认识角度的层面来探讨"大小"一对概念。如〈秋水〉篇云："因其所大而大之，则万物莫不大；因其所小而小之，则万物莫不小。""大小"显现出相对的意味，其意义乃决定于不同的认知角度。

而本章言及的"大者宽，小者局；物有所余，有所不足"，则既由认识层面说明事物宽裕与不足的相对认知意义；同时也触及事物实际状态的变迁所造成的宽裕与不足之不同情势演变。

三、论兵

本章对于用兵的态度特别指出"兵不义不可"，也就是强调用兵的适宜性。此种"义兵"的观点亦见于黄老其他文献中，如〈十大经·本伐〉中言“世兵道有三：有为利者，有为义者，有行忿者”。

至于用兵之道如何方为适宜？本章所言“兵之胜，从于适”，则是以顺循天道、地道、人道，亦即合于天时、地利、人和作为用兵的原则。

四、戒骄

“骄”本为老子所戒。第九章言“富贵而骄，自遗其咎”，而第三十章亦言“果而勿骄”，无不是要人以“骄”为戒。老子“反者道之动”认定事物处于极端之势必转而朝反面发展的形上观，本章正以“骄之余卑，卑之余骄”证之。老子还提出“强大处下，柔弱处上”的行事原则，本章云：“强而骄者损其强，弱而骄者亟死亡”之论，正是老子“戒骄”思想的承继与引申。

四

道者，一人用之，不聞有餘；天下行之，不聞不足。此謂道矣。小取焉則小得福，大取焉則大得福，盡行之而天下服；殊無取焉，則民反，其身不免于賊(1)。左者出者也，右者入者也；出者而不傷人，入者自傷也(2)。不日不月，而事以從(3)；不卜不筮，而謹知吉凶(4)。是謂寬乎形，徒居而致名(5)。去善之言，爲善之事，事成而顧反無名(6)。

能者無名,從事無事。審量出入,而觀物所載[7]。孰能法無法乎?始無始乎?終無終乎?弱無弱乎[8]?故曰美哉岪岪[9]!故曰有中有中,孰能得夫中之衷乎[10]?故曰功成者隳[11],名成者虧。故曰,孰能棄名與功,而還與衆人同[12]?孰能棄功與名,而還反無成?無成有貴其成也,有成貴其無成也[13]。日極則仄,月滿則虧。極之徒仄,滿之徒虧,巨之徒滅。孰能己〈已〉無己〈已〉乎?效夫天地之紀。[14]人言善,亦勿聽;人言惡,亦勿聽。持而待之,空然勿兩之[15];淑然自清,無以旁言爲事成[16]。察而徵之,無聽辯[17];萬物歸之,美惡乃自見。

【注释】

(1)殊无取焉,则民反,其身不免于贼:安井衡读为"殊无取焉则民反,其身不免于贼"。"殊无",绝无、毫无。"反",背叛。"贼",杀戮。

(2)左者出者也,右者入者也;出者而不伤人,入者自伤也:"左"为阳,主动。"右"为阴,主静。"而",连词,当在"入者自伤也"句上(张舜徽说)。此言左为阳,主动出,右为阴,主应接;事物动出并不曾伤人,而是应接有误自取伤损。下文"审量出入"即回应此文。

(3)不日不月,而事以从:"从",顺当。此言不考虑时日禁忌,率然而行,而事情自然顺当。

(4)而谨知吉凶:“谨”,善(《楚辞·怀沙》汉王逸注)。

(5)徒居而致名:“徒”,空虚静默。“致”是返还之义。“致名”即下文“还与众人”。

(6)去善之言,为善之事,事成而顾反无名:张舜徽以为两“之”字衍。“顾反”即“还返”(王念孙说)。

(7)审量出入,而观物所载:此谓审量事物之发生与应接是否得当,考究事物与所载之名称是否相符。〈心术下〉第一章“凡物载名而来,圣人因而财(裁)之”即此。

(8)孰能法无法乎?始无始乎?终无终乎?弱无弱乎:“法”、“始”、“终”、“弱”谓循法、谋始、慎终、守弱,“无法”、“无始”、“无终”、“无弱”谓为而不着迹象。前者喻“为”,后者说“无为”。

(9)𦽇𦽇:同“昏昏”,幽晦之貌(张舜徽说)。又同“茀茀”,盛茂(《广雅·释训》)。

(10)有中有中,孰能得夫中之衷乎:“中”读为“冲”,虚也(张舜徽说)。按:“中”,作本义解亦通。“有”犹保(《礼记·哀公问》注)。“衷”,里衣,在此义犹内蕴。

(11)隳:毁败。

(12)同:当为衍字(张舜徽说)。

(13)无成有贵其成也,有成贵其无成也:“无成有贵其成也”当作“无成贵其有成也”(王念孙说)。此言贵其有成是为无成,贵其无成方是有成。此老子所谓“大成若缺”(《老子》第四十五章)。

(14)孰能己〈已〉乎无己〈已〉乎?效夫天地之纪:两“己”字当作

"已"(何如璋等说)。"己"同"止",静定之义(〈内业〉"能止乎?能已乎?"即此)。此言谁能持守静定而不露守静的迹象,此当效法天地自然虚之道。〈心术上〉之"天曰虚,地曰静"。

(15)持而待之,空然勿两之:张佩纶云:"元无本'勿'字是。"按:"勿"盖当作"而"。"两",权衡。"两之",即权衡两端而持其中,下文"若左若右,正中而已"所谓"执其两端,用其中"(《礼记·中庸》)即此。

(16)淑然自清,无以旁言为事成:"淑"当为"寂"(李哲明说)。"成",成败。此言静则自明,无以旁人之言定事之成败。

(17)察而征之,无听辩:"征",验证。"辩",言辩,言辞,即上文之"旁言"。

【今译】

道,一个人使用它,没有什么多余的;天下人使用它,也没有什么不足的。这便称为"道"。君主取之于道少则少得福,取之于道多则多得福,完全采用道则天下听从;丝毫也不采用道则百姓背叛,身遭杀戮。左方主动出,右方主应接。事物出现并不伤人,而是应接有误自取伤损。不考虑时日禁忌而事情自然顺当;不从事龟卜占筮而善知吉凶。这便是所谓身心宽闲,安然自处而返还名功于天下。舍去好话,只做好事,事情成功后自己却复归于默然无名。有能者无名,善行事者无事。审量事物的发生与应接是否得当，考察事物与所予的名称是否相符。谁能遵循法度却又看不出遵循法度的痕迹？谁能谋虑事物的开始却又看不出谋始的痕迹？谁能谨慎事物的终了却又看不出慎终的痕迹？谁能持守卑弱却又没有守弱的痕迹？所以说这真是幽晦之美呀！所以人们说守中守中，有谁能真正得到守中的内蕴呢？所以人们说自以为功绩成就的必然毁败，自以为名声成就的必然亏伤。所以说谁能舍弃名声和功绩，并把它返还给天下众人呢？又有谁能舍弃功绩和名声，而复归于无成就呢？追求有所成就的实际上是无成，崇尚无所成就的才真正是有成。太阳正中时必然倾斜，月亮满盛时必然亏损。凡属盛极之类的都会倾侧，凡属盈满之类的都必然亏损，凡属巨大的都必然溃灭。谁能持守静定而不露守静的痕迹呢？这只有效法天地之道的人才能做到。别人说好的，不要相信；别人说不好的，也不要相信。应该持守中正来对待，虚心以权衡它们；静则自明，不要把道听途说当作事实。详细考究并求得验证，不要听信那些善辩之辞。万物都会归聚，美恶自然会显现。

【诠释】

一、论道

本章首先以“道”乃取之不尽用之不竭，并且人一旦取用之则得福无尽的形象性描述,言及道无限而能畜养万物的特性。其意义乃承《老子》“大道泛兮其可左右,万物恃之以生而不辞……可名于大”(第三十四章)以及“道之出口,淡乎其无味……用之不可既”(第三十五章)之道论而来。

二、审量出入,观物所载

本章提出“审量出入”、“观物所载”的主张,这属于与认识论有关的命题。在论及人如何对待外物的观点上,首先阐明人之所以在与万物的接触应对中受到损伤,并非外物本身主动伤及人,而是人自身应接有误所致,继而提出人须仔细审察一己与外物之应接是否得当,并考察事物之实情与所给予之名号是否相符,以此作为免于为外物所伤之方法。

三、“为无为”的引申

本章言及“能者无名,从事无事”,指出无名、无事的行事原则。接着进一步论述“法无法”、“始无始”、“终无终”、“弱无弱”,亦即虽秉持“循法”、“谋始”、“慎终”、“守弱”等原则,然而于行事作为上却不着痕迹,可说是对老子“为无为”思想的进一步引申。

四、物极必反之形上观

所谓“日极则仄,月满则亏。极之徒仄,满之徒亏,巨之徒灭”,正是承继老子事物发展至极端必走向反面的“反者道之动”

形上观，及至战国晚期楚国黄老《鹖冠子》乃提出“物极则反”命题，来概括这一事物运行的法则。既然事物有物极必反之发展规律，则本章乃以“已无已乎，效夫天地之纪”，亦即持守静定而不露迹象，循物极必反之天地原理，让一己免于盛极而衰。

五、征引《庄子·山木》文句

本章言及“故曰：功成者隳，名成者亏。故曰：孰能弃名与功，而还与众人同”，其中“故曰”一词显然表明是引古语，而《庄子·山木》正云“自伐者无功，功成者隳，名成者亏，孰能去功与名而还与众人”，故而本章文句所引之古语正出自〈山木〉，此为〈白心〉晚于《庄子·山木》之一证。

五

天或維之，地或載之。天莫之維，則天以墜矣；地莫之載，則地以沉矣。夫天不墜，地不沉，夫或維而載之也夫。又況于人？人有治之，辟之若夫靁鼓之動也[(1)]。夫不能自搖者，夫或搰之[(2)]。夫或者何？若然者也。視則不見，聽則不聞。灑乎天下滿，不見其塞，集于顔色，知于肌膚[(3)]。責其往來，莫知其時。薄乎其方也，韕乎其圜也，韕韕乎莫得其門[(4)]。故口爲聲也，耳爲聽也，目有視也，手有指也，足有履也，事物有所比也[(5)]。當生者生，當死者死也，言有西有東，各死其向[(6)]。

【注释】

(1)人有治之，辟之若夫雷鼓之动也："治"，掌管，主持。"辟"即"譬"。此言人事亦有主掌者，譬如雷声之有鼓动者。

(2)夫不能自摇者，夫或搯之：两"夫"字义同"彼"，指代上这"人"（人事）。"摇"，治，主掌。"或"，代词，有某人、有某物。"搯"或作"搖"，古"摇"字（王念孙说）。此言人事不能自己主掌，而是有某种东西在支持着它。按：这里的"或"（某物）即指道。

(3)集于颜色，知于肌肤：此言"道"表现在人的表情上，汇集在人的肌肤里。〈内业〉所说"道者，所以充形"。"集"、"知"互倒（王引之说）。

(4)薄乎其方也，韕乎其圜也，韕韕乎莫得其门："薄"，地势广大貌。两"其"字指"道"。"韕"即"淳"。"淳乎"形容天体运转（《庄子·则阳》〈释文〉引王注："淳淳，流动貌"）。"韕韕"同"沌沌"，昏然无分别的样子。此言"道"如地势之方广、天体之圆转，使人茫然不得其门径。

(5)目有视也，手有指也，足有履也，事物有所比也：前三个"有"字当为"为"之音之讹。"比"，比附、归属。

(6)言有西有东，各死其向："言"字衍（张佩纶说）。"死"犹"归"。"向"，处所。"西"谓月亮西升，"东"谓太阳东出。西升者东落，东出者西沉，各有归属，即"各死其向"。

【今译】

天有某种东西在维持着它，地有某种东西在承载着它。如果没有某种东西在维持着天，则天就会坠下来；没有某种东西在承载着地，则地就会沉下去。之所以天不坠下来，地也不沉下去，或许有某种东西在维持和承载着它们。这又何况于人事呢？人事也有主掌者，譬如雷声之鼓动者。人事不能自己运作，有某种东西在支配它的运作。所谓“或”是指什么？或许是这样的意思。“道”是看不见，听不到的。它飘荡布满天下，而天下不感到壅塞，它又可以表现在人的表情上，聚集在人的肌肤里。探究它的往来，却不能察知它的时间。它如地势之方广，天体之圆转，使人茫然不得其径。因此，口用来发音，耳用来听声，目用来视色，手用来指物，足用来行地，任何事物都有它的归属。事物该出现的就会出现，该消失的就会消失，这就好像月亮西升东落、太阳东出西沉，它们都有各自固定的归属。

【诠释】

本章首先由天地不坠不沉的事实，暗示出“道”乃是这一切的支持者，并由此引申出人事亦有主掌者；其次探讨“道”超越人之见闻的特性。

一、“道”维持天地之恒存而人事亦有其主

本章以含有不确定、猜测语气的“或”字，来指涉天地所以不坠不沉的缘由，一方面暗示出“道”乃是这一切存在的支持者；同时以不确定的语气加以暗示，亦在强调“道”虽是天地万物的支持养育者，然而却不对万物加以宰制，而是呈显为万物自身运作与发展的力量。可以说是既指出“道”，却又不特别突出“道”。

本章接着由“道”支持天地万物的形上角度，推引出人事亦如天地有其支持主掌者。由此处的论述，我们可以理解黄老在“无为”与“有为”之间的辩证性。道支持天地万物的存在，此是有为；然而支持的方式却非宰制与干涉，而是展现为天地万物自身恒然运作发展的力量，此又是“无为”，两者互为涵摄。就人事而论，人事运作尤其政治层面须有圣王君主实际主事，此是“有为”；然而主事的方式则是君臣分职、任官以能，君主规划而臣主行事，君不涉臣事，此又是君道的“无为”，两者亦是互动相关。

另外，本章在暗示“道”存在的叙述方式，可说于庄子多有秉承。庄子学派强调物的自性，而倾向否定天地间有个维系者。如《庄子·天运》即言“天其运乎？地其处乎？日月其争于所乎？孰主张是？孰为纲是？孰居无事而推行是”；〈齐物论〉亦言“夫天籁者，吹万不同，而使其自已者，咸其自取，怒者其谁邪”；而〈知北游〉明言：“天不得不高，地不得不广，日月不得不行，万物不得不

昌,此其道与!”而〈则阳〉谓“季真之莫为,接子之或始”;本章对天地维系者的论点,似乎近于接子的主张,但在道的运作上,又采取季真“莫为”的观点。

二、道的特性

本章描述“道”非人的感官所能闻见,不过“道”却能因人的循取而展现在人的表情、肌肤等身体征貌上。

此外,所谓“莫知其时”与“莫得其门”的叙述,则分别由时、空两个方面再一次说明道的无限性。

六

置常立儀(1),能守貞乎(2)?常事通道(3),能官人乎(4)?故書其惡者,言其薄者(5)。上聖之人,口無虛習也(6),指無虛指也,物至而命之耳。發于名聲,凝于體色,此其可諭者也;不發于名聲,不凝于體色,此其不可諭者也。及至于至者(7),教存可也,教亡可也。故曰濟于舟者和于水矣,義于人者祥其神矣(8)。事有適而無適,若有適;觿解不可解,而後解(9)。故善舉事者,國人莫知其解(10)。爲善乎,毋提提(11);爲不善乎,將陷于刑。善不善,取信而止矣。若左若右(12),正中而已矣。懸乎日月無已也。愕愕者不以天下爲憂，剌剌者不以萬物爲筴(13)。孰能棄剌剌而爲愕愕乎？

難言憲術，須同而出(14)。無益言，無損言，近可以免(15)。故曰知何知乎？謀何謀乎？審而出者，彼自來。自知曰稽，知人曰濟(16)。知苟適可爲天下周(17)。內固之一，可爲長久(18)；論而用之，可爲天下王(19)。

【注释】

(1)置常立仪："常"即老子的"常道"，或曰"恒道"。"仪"，社会仪则。

(2)能守贞乎："贞"，正。第一章"建当立有，以靖〈静〉为宗"，(〈正〉篇"立常行政(正)"均与此相照)。

(3)常事通道：意即应是顺道。"常"犹"当"，"当事"即应事。"通"，顺。

(4)官人：即〈正〉篇"临政官民"的"官民"，管理百姓。

(5)书其恶者，言其薄者：两"其"字义犹"乃"。此言书帛乃圣人之所厌弃，言语乃圣人之所鄙薄。又按："恶"训为"粗"，犹言糟粕。《庄子·天道》轮扁所谓"书"乃"古人之糟粕"。此言书乃古人之糟粕，言语为志意之浮薄者。

(6)口无虚习也："习"字张舜徽疑当作"唱"。按："习"与"唱"形音远隔。疑"习"读为"叠"(《说文通训定声》："'习'假借为'叠'")，口唇相叠，谓发声出言。口不妄言语，手不妄指使正与前文"口为声也，手有〔为〕指也"相照。

(7)及至于至者:后一"至"字谓至道。

(8)济于舟者和于水矣,义于人者祥其神矣:此言渡舟者和谐于水性,宜民者顺于神祇。

(9)事有适而无适,若有适;觿解不可解,而后解:"若有适"即乃为适("若"犹"乃","有"同"为")。"觿",解开纽结的工具。此言适宜处事却不见适宜之法,乃可称为"适";能解结却不可见其解法,而后乃称为"解"。此《老子》"善行无辙迹"之谓(第二十七章)。

(10)国人莫知其解:"解",端倪,踪迹(《广雅·释诂三》:"解,迹也")。

(11)为善乎,毋提提:"提提"同"题题",显扬之貌(王念孙说)。

(12)若左若右:"若"犹"或"。"左",下,犹不及。"右",上,犹过之。

(13)愕愕者不以天下为忧,刺刺者不以万物为筴:"愕愕"读为"落落"(郭沫若说)。"筴"读为"惬"(俞樾说)。"刺刺"当作"棘棘",同"亟亟"(《尔雅·释诂》陆德明〈释文〉云:"或作棘")。"亟亟"即《庄子·逍遥游》之"数数"(《尔雅·释言》"亟亦数也")。此言落落无为者不以天下事为忧,亟亟有为者不以有万物为快。

(14)难言宪术,须同而出:"难"犹"重",慎重、审慎。"言"犹发布(《释名·释言语》:"言,宣也。"《墨子·经上》:"言,出举也")。"同",平衡、权衡。"出",指出令,颁布法令。

(15)近:当作"迺",即今"乃"字(郭沫若说)。

(16)自知曰稽,知人曰济:"稽",洞察、明察。"济"读为"齐"(张文虎说)。“齐”,中正(《诗·小宛》疏“中正曰济”)、公正。

(17)知苟适可为天下周:“适”,达到。“知苟适”,谓自知、知人如果都能做到的话。“周”,或疑当作“君”(俞樾说),或疑当作“帝”(郭沫若说)。按:“周”,指至德之人(《周易》〈释文〉:“周,至也,备也。”〈枢言〉云:“周者,不出于口,不见于色,一龙一蛇,一日五化之谓周”)。

(18)内固之一,可为长久:“之”犹“于”,“一”谓“道”(许维遹说)。“长久”当作“久长”(张文虎说)。此言内守于道可使生命长久。

(19)论而用之:“论”同“抡”,选择,择时。谓择时度事而施用之。

【今译】

建立恒常之道确立社会仪则,能够持守正定么?应事顺道,能管理百姓么?书帛为圣人视如糟粕,言语为圣人所之鄙薄。至圣之人,口不妄言语,手不妄指使,事物出现了便以名称去规定它。通过言声发布出来,通过形色表现出来的声教政令是可以知道的;而不通过言声发布出来,也不通过形色表现出来的“道”是不可知晓的。达到了至道的境界,则政教便是可有可无的了。渡船的人适应水性,行义于人的会得福于神祇。适宜处事却不表现出适宜之法,这才可以称为“适”;能解结却不可见其解法,这才可以称为“解”。所以善于治事者,人们不能窥见其端倪。做好事，不要显扬；做坏事，会遭刑罚。好或不好，以取信为标准；过或不及，从中正为准则。如此则德养如日月常悬。落落无为者不以天下事为虑，亟亟有为者不以万物为快。谁能抛弃亟亟有为而追求落落无为呢？

慎重发布法律治术，必须反复权衡再制定颁布。不要主观妄自增加什么或减少什么，这样才能避免失误。真正的智虑是无需智虑的，真正的谋划是无需谋划的。言辞声教审度之后再出示于人，则百姓自然归顺。了解自己称为明察，了解别人称为中正。自知和知人如果都能做到的话，便可以成为天下至德之人。内心持守于道，便可使生命长久；择时度世而施用之，则可以成为天下王。

【诠释】

一、置常立仪

所谓“常”，即是老子所言的常道。第十六章言：“夫物芸芸，各复归其根。归根曰静，静曰复命。复命曰常。”“常”是指万物运动变化的律则。此律则落实为人事作为的依准，便具有价值的意含。“仪”则是指向人事规范的具体仪则，此仪则的设立正是取法自常道。如此取法常道以立人事仪则的论点，正如首章所说的“建当立有”同义。

二、至道的境界

刑名声教虽是为政的必要途径，然而为政者则是“事有适而无适，”不着行迹、无心而为。此如《老子》所言“善行无辙迹……善结无绳约而不可解”（第二十七章）。

以无心作为辅以形名教化，等达到至道之境，君臣百姓之间则如“济于舟者和于水”，整体自适相忘于和谐之境，则政教之施自然融入此谐和之境中。

三、慎言

“难言宪术，须同而出”，指明政令之颁布应避免为政者一时之主观好恶，须先慎重地反复权衡客观实情，使政令措施得以符合民情。“难言宪术”，是写主政者颁布法令治术的审慎态度。“须同而出”，是强调主政者所制定的法令需以民意为依归。

四、承继庄子的论点

所谓“为善乎，毋提提；为不善乎，将陷于刑”，显然承继《庄子·养生主》中“为善无近名，为恶无近刑”之论点而来，这亦是〈白心〉晚于《庄子》的又一证。

七

天之視而精[1]，四璧而知請[2]，壤土而與生[3]。能若夫風與波乎？唯其所欲適[4]。故子而代其父曰義也，臣而代其君曰篡也。篡何能歌？武王是也[5]。故曰孰能去辯與巧，而還與衆人同道？故曰思索精者明益衰，德行修者王道狹，臥名利者寫生危[6]，知周于六合之內者[7]，吾知生之有爲阻也[8]。持而滿之，乃其殆也。名滿于天下，不若其已也。名進而身退，天之道也[9]。滿盛之國不可以仕任，滿盛之家不可以嫁子，驕倨傲暴之人不可與交[10]。

【注释】

(1)天之视而精："而"，能。下两"而"字与此同义。观察天道能使人精明。

(2)四璧而知请："璧"当作"辟"，开、通。"请"当作"情"（丁士涵说）。此言通晓四方能知人情物理。

(3)壤土而与生：土地能为人提供生存资料。

(4)能若夫风与波乎？唯其所欲适：能像风动波兴那样，自然而然，从心所欲么？

(5)篡何能歌？武王是也：此言臣篡君位何以能被歌颂，周武王就是这样的例子。

(6)卧名利者写生危：寝息在名利上者是置生命于危地中。“写”，置。

(7)六合：上下四方，指天地、天下。

(8)吾知生之有为阻也：“为”字衍。尹注“故于其生有阻难也”，亦无“为”字。

(9)名进而身退：许维遹据《老子》订此“名进”作“名遂”。

(10)满盛之国不可以仕任，满盛之家不可嫁子，骄倨傲暴之人不可与交：“任”字衍，“交”当作“友”（王念孙说）。今出土帛书《黄帝四经·称》有此三句，无“任”字，“交”作“友”，正与王说同。“与”犹“为”。

【今译】

观察天道使人精明，通晓四方能知人情物理，土地能为人提供生存资料。能如风动波兴那样，自然而然，从心所欲吗？子代其父被称为义，臣篡君位何以能被歌颂，周武王就是这样的例子。所以说，谁能去除言辩智巧，而复与众人同道？所以说，思索过度反损精明，修行过度则王道狭隘，寝息于名利则置生于危境，尽施智慧于天地万物，则必有碍于生命。执持盈满，必有危险；名贯天下，不如适时而止功名；成就则及早退隐，这是符合天道的。不可到极端强盛的国家去做官，不可嫁女给极端豪贵的家庭，不可与骄横暴戾之人为朋友。

【诠释】

本章一方面探讨人伦尊卑与权位转移的“义”与“篡”之别，并呈显出“革命”的思想；同时反对持恃满盛而主张须有“名进身退”的自觉。

一、义与篡之别

在伦常辈位的传承中，若是立基于宗法制度的父死子继以及理念志意上的继志述事，则子代父位是合宜的，故谓之“义”；然君臣之别牵涉天经地义的尊卑贵贱之分，不得随意逾越。因此臣代君位为礼法所不许，特谓之“篡”以责之。不过纵使如此，历史上却多有臣“篡”君位却不加攘责，甚而不谓之“篡”的事实，关于此点〈白心〉篇为我们展示了两种解释。首先，自《尚书》即有王位之获得乃秉自天命的观念，而“天命不易”(〈大诰〉、〈君奭〉)、“皇天无亲，惟德是辅”(蔡仲之命)这也以“德”为中心的思想，由天命移易的角度予以王位转移一合法的理由。有德者代替已然无德的君王获得新的“天命”以取得王位，如此，臣代其君是以“德”获天命，不为“篡”，武王伐纣即是如此。其次，臣代君位是否称之为“篡”，尚因不同的时势条件而定，此点《庄子》已然提及。所谓“差其时，逆其时者，谓之篡夫；当其时，顺其俗者，谓之义之徒”(〈秋水〉)。本章言及的武王篡而能歌，正可由这两层意义来了解。

其次，此处呈显出取代君位的“革命”思想，亦见于其他黄老文献。如《慎子》逸文有言“有易政而无易国，有易君而无易民”，孟子也在齐国发表这类言论：“齐宣王……曰：‘臣杀君，可乎？’孟子曰：‘……闻诛一夫纣矣’。”(〈梁惠王下〉)《易传》革卦〈彖〉辞宣扬“顺乎天应乎人”的“革命”思想，正是在这一时代思潮下所提出的。

二、功遂身退之思想

本章提出戒“持满”，并言“名进而身退，天之道也”，此正承《老子》“功遂身退，天之道也”(第九章)的论点而来。所谓“满盛之国不可以仕任，满盛之家不可以嫁子，骄倨傲暴之人不可与交”，这话亦见于马王堆黄老帛书《黄帝四经·称》，可证“满盛”之戒为老学至黄老之学所一再强调的。

八

道之大如天，其廣如地，其重如石，其輕如羽。民之所以知者寡[(1)]。故曰何道之近，而莫之與能服也[(2)]？棄近而求遠，何以費力也[(3)]？故曰欲愛吾身，先知吾情；君親六合[(4)]，以考內身，以此知象[(5)]，乃知行情[(6)]；既知行情，乃知養生。左右前後，周而復所[(7)]。執儀服象，敬迎來者[8];今夫來者,必道其道,無遷無衍,命乃長久[9]。和以反中,形性相葆。一以無貳,是謂知道。將欲服之,必一其端而固其所守[10]。責其往來,莫知其時;索之于天,與之爲期[11],不失其期,乃能得之。故曰吾語若大明之極[12]。大明之明,非愛人不予也[13],同則相從,反則相距也[14]。吾察反相距,吾以故知古從之同也[15]。

【注释】

(1)民之所以知者寡:这是说道之广大而难究其极,轻重变化难以捕捉,所以很少有人能真正了解它。又郭沫若句读为"民之所以,知者寡",谓道乃民之所用,但知之者寡。亦通。今译从郭说。

(2)而莫之与能服也:"与"字衍(安井衡说)。"服",用,行。

(3)弃近而求远,何以费力也:此当释为:何以费力去舍近求远呢?"近"谓己身,"远"谓身外。

(4)君亲六合:据尹注,"君亲"当作"周视"(俞樾说)。

(5)以此知象:"象",法,取法。

(6)乃知行情:"行情",张舜徽释为"驱遣情欲"。按:"行"似可释为"行气"之"行",谓引导也。"情"谓情性(前文"先知吾情"之"情"同此)。

(7)左右前后,周而复所:左右前后,求道于身外;遍求无获,复返于己身求之。

(8)执仪服象,敬迎来者:"执"、"服"皆是用义。"仪"、"象"谓礼数仪节。行用礼数仪节敬迎来者,喻正身诚意应接事物。

(9)今夫来者,必道其道,无迁无衍,命乃长久:"今"当作"令"(张舜徽说)。上一"道"字同"导"。"迁",移,游离。"衍",泛滥。此言令外物之来者,必导其入道,无使之游离于道外且泛滥也。

(10)必一其端而固其所守:"一",专一。"端",正定。"所守",谓虚静。

(11)索之于天,与之为期:"天",犹冥冥。"为期",相会,相合。

(12)故曰吾语若大明之极:"若",汝,你。"大明",天道。"极",指准则、规律。

(13)大明之明,非爱人不予也:"之",乃。此言天道是明察的,非有所爱惜而不予人也。

(14)同则相从,反则相距也:与天同道则天道顺随他,与天相逆则天道违离他。

(15)吾察反相距,吾以知古从之同也:考察当今逆天而被天道离弃的例子,因此得知古代得到天道的是因为与天相合。

【今译】

道大如天,浩广似地,重如磐石,又轻如羽毛。它本为百姓日常所需要使用的,却很少人知道它。为什么道与人们如此密切,却没人能真正有效地使用它呢?人们为什么费力地去舍近而求远呢?所以说想要爱惜己身,首先就要了解自己的情性;遍观天地万物,以此省察自身，因此懂得有所取法，并知如何引导情性；知道如何引导情性，便知如何养生了。人们左右前后求道于身外，最后还要复返于己身求之。正身诚意，应接事物；令外物袭来，引导入道，不使离道泛滥，生命方能长久。与物和谐反归中正，身形情性两相护养。专心一意，可谓知“道”。采用道时，必专一正定而固守虚静。询问道的往来，则不知其时间规律；求之于冥冥，则可与之相会，不失去这种冥合，便可得道。所以说我告诉你的便是天道的规律。天道是明察的，并非有所爱惜而不施予人，与天同道则天道顺随他，与天相逆则天道违离他。我们考察今日逆天而被天道离弃的例子，我们因此便可得知古人得到天道的是因为与天相合。

【诠释】

一、论道

本章首先以“其大如天”、“其广如地”、“其重如石”以及“其轻如羽”等形象性语言，比喻道的无所不在。而道不离人身，民却“知者寡”，此如《易传》所言“百姓日用而不知”(〈系辞上〉)。

二、天道与人

“同则相从，反则相距”，此处言及人与道的关系，决定在人的主动性，若依循道，道自在人身，否则不然。此依《老子》“天道无亲，常与善人”（第七十九章）以及“同于德者，道亦德之；同于失者，道亦失之”（第二十三章）论点而来。

三、养生之道：“和以反中，形性相葆”

本章以引导性情的角度来说明养生之旨，此包含以正心诚意的专一精神来应接事物，使物我和谐而使生命返归中正之道，亦即身形与情性的两相护养。

〈白心〉作者，在强调认识道，需保持心志专一的精神状态，因而提出“一以无贰，是谓知道”的警句；在强调形性双修以达和谐心境方面，更提出了“和以反中，形性相葆”的重要命题。

第三部分

〈形势〉〈宙合〉
〈枢言〉〈水地〉

四篇解释

〈形势〉解释

本篇篇名为〈形势〉，刘向《别录》说“〈山高〉，一名〈形势〉”，疑本篇最初是取篇首字而题名〈山高〉，后则以主题题名法更名为〈形势〉。本篇多论“势”而不出“形势”及“势”字，〈形势解〉则“势”字习见，故疑〈形势解〉的撰作及〈山高〉更名为〈形势〉要在〈山高〉撰作之后。本篇不出“势”字，亦不出“礼”字，与《黄帝四经》同。如说“上失位则下逾其节”时并不言“礼义”等，而〈牧民〉在论礼义廉耻“四维”之后，紧接着便说“下逾其节则上位不安”，这似乎可以反映〈形势〉的撰作时间较早。另外，〈牧民〉很多地方颇像是对〈形势〉的展开。

〈形势〉主以道摄势说，“势”与“名”都被统摄于道之下，它与后来的任势轻贤派及以贤摄势派都有不同。势、名之论，确定了君、臣界畔，其在〈心术上〉中得到详细的展开；在〈宙合〉、〈枢言〉中也有体现，如“君出令佚，臣任力劳”等即源于〈形势〉。

〈形势〉多集古训民谚，它与〈枢言〉一样，皆与《黄帝四经·称》的体例接近。在叶韵上，多“自叶”现象，即本句叶韵而非上下叶韵，《老子》即多有此“自叶”现象。

一

山高而不崩，則祈羊至矣；淵深而不涸，則沉玉極矣[(1)]。天不變其常，地不易其則，春秋冬夏不更其節，古今一也。蛟龍得水，而神可立也；虎豹託幽，而威可載也[(2)]。風雨無鄉，而怨怒不及也[(3)]。貴有以行令，賤有以忘卑，壽夭貧富，無徒歸也[(4)]。銜命者，君之尊也；受辭者，名之運也[(5)]。上無事則民自試，抱蜀不言而廟堂既修[(6)]。鴻鵠鏘鏘，唯民歌之；濟濟多士，殷民化之[(7)]。飛蓬之問，不在所賓；燕雀之集，道行不顧[(8)]。犧牷圭璧，不足以饗鬼神；主功有素，寶幣奚爲[(9)]。羿之道，非射也；造父之術，非馭也；奚仲之巧，非斲削也[(10)]。召遠者使無爲焉，親近者言無事焉，唯夜行者獨有也[(11)]。

【解释】

(1)山高而不崩，则祈羊至矣，渊深而不涸，则沉玉极矣：山陵高峻而安稳，则有牺牲至奠；渊水深湛而长足，则有美玉来祭。

“祈”、“沉”，祭山川之名。“祈”又作畿、刉，谓割裂牲体，以血祭祀祈福。“沉”，用玉埋于山中或沉于水底以祭神。古之祭山川，牲玉并用，祈沉不别。山主安泰，水善利物；故祭山以祈天下安宁，祀水以求民养不穷。“山”、“渊”喻君，“祈羊至”、“沉玉极”喻民。《荀子·致士篇》“川渊深而鱼鳖归之，山林茂而禽兽归之，刑政平而百姓归之，礼义备而君子归之”，很像是对〈形势〉四句的阐发。

本篇篇名初题为“山高”，是取篇首字；后更名为“形势”，此四句及下文“虎豹托幽”、“蛟龙得水”含有“势”的思想；然本篇无“形势”一词，亦无“势”字。猪饲彦博说“山高渊深，形也；羊至玉极，势也”。

(2)蛟龙得水，而神可立也；虎豹托幽，而威可载也：蛟龙处渊水而其神可立，虎豹依幽谷而其威可建。

“托幽”通行本作“得幽”。王念孙说：“当依明仿宋本及朱东光本作‘托幽’。”“载”犹“立”（《史记·礼书》索隐“载，置也”。“置”，立，建）。

(3)风雨无乡，而怨怒不及也：风雨自然兴降，无所偏向，故而无从埋怨它。下文“无私近也，无私远也”即此“无乡”。“乡”同“向”。

(4)贵有以行令，贱有以忘卑，寿夭贫富，无徒归也：高贵者有发号施令的必然，低贱者有承受卑微的必然，或长寿或短命或贫穷或富有，总之一切都是有其必然原因的。

“忘”，〈形势解〉作“亡”。按：疑本作“任”，形讹为“王”，又音讹为“亡”或“忘”。《书·牧誓》之“武王”，汉石经讹为“任”，即其证。贵者行令，贱者任卑，犹〈宙合〉“君出令佚，臣任力劳”。“无徒归”，没有徒然而至的，意即一切皆有其因。

(5)衔命者，君之尊也；受辞者，名之运也：君主施令，是因为有尊显的位势；臣下奉命，是名分正常的运行。

此文有误，当本作"受(授)辞者，君之尊也；衔命者，名之运也"。"授辞"，谓授意施令，是就君主而言。"衔命"，谓奉行君命，是就臣下而言。"授辞"承上"贵有以行令"说，"衔命"承上"贱有以任卑"说。

"授辞者，君之尊也"言"势"，"衔命者名之运也"言"名"。这两句是互文见义的写法，上句论势而兼名，下句论名而兼势，君之施令有尊贵之名，臣之奉命，则势有卑微。〈明法解〉云"明主处必尊之势，以制必服之臣，故令行禁止"，此即"授辞者君之尊也"。

(6)上无事则民自试，抱蜀不言而庙堂既修：君主无为而百姓自正，执道循法而朝廷皆治。

"试"读为"饰"，与"饬"同，正。典籍常以"饰"(饬)与"修"对举(如《汉书·谷永传》"饬身修政")。"蜀"读为"独"(李国祥、猪饲彦博、于省吾等说)。"抱独"，即老子之"抱一"，即《黄帝四经》"抱道执度"(〈称〉)。"庙堂"，谓朝廷。

"上无事而民自试〔正〕"即《老子》"清静以为天下正"(第四十一章)，"抱蜀不言而庙堂既修"即《老子》"天得一以清，地得一以宁"(第三十九章)。

(7)鸿鹄锵锵，唯民歌之；济济多士，殷民化之：君主平正宽和，赢得人民的称赞歌颂；百官肃敬勤勉，使百姓得被教化。"鸿鹄"，天鹅，在此比喻君主。"锵锵"，也写作"将将"，和美的样子(参孙蜀丞说)。"济济"，整肃的样子(〈形势〉解释为"诚庄事断")。"多士"，指百官。

这两句包含两层意思：第一，"鸿鹄锵锵"喻"主执度"、"君无为”(《诗·文王》“济济多士,文王宁之”就是这个意思)。“济济多士”是说“臣循理”、“臣有为”。《黄帝四经·经法·六分》“主执度,臣循理”与此合。主执度而“操其名”,故锵锵和美,臣循理而“效其形”,故济济整肃,此即韩非“形名参同,上下和同”。第二,“鸿鹄锵锵”喻君主宽德,“济济多士”谓百官严法。此四句意谓:君宽德以和美,故民得以“歌之”;臣严法以整肃,故民得以教化。《黄帝四经》有言:“天德皇皇,非刑不行;缪缪(穆穆)天刑,非德必倾。”按:“皇皇”,平正之美,形容德赏;“穆穆”,威仪整肃,以况刑罚。此即所谓“刑德相养”(〈十大经·姓争〉)。

“殷民化之”句后,通行本原有“纣之失也”四字,此为古注误入正文,当删(许维遹、黄巩说)。上文“歌”、“化”同部叶韵,“失”字无韵。

(8)飞蓬之问,不在所宾;燕雀之集,道行不顾:区区小知,无人听用;区区小术,无人关注。

这四句原文当作“飞蓬之问,所在不宾;燕雀之集,行道不顾”。“飞”古作“蜚”,通“菲”,薄。“蓬”,枯草。“问”,言语(丁士涵说)。菲蓬之言,喻小知。“所在”与“行道”相对,犹处处、到处。“宾”,听从(章炳麟说)。“不宾”与“不顾”相对。“燕雀”,小雀,犹庄子之“斥鴳”。“集”与“辑”、“习”古通。“习”,本义为鸟雀频频而飞。燕雀之习,喻小术。“道行”当作“行道”(闻一多说)。菲蓬之言、燕雀之习,即庄子所谓“小言詹詹”、“小知间间”(〈齐物论〉)。

(9)牺牷圭璧,不足以飨鬼神;主功有素,宝币奚为:用牛羊玉璧献祭，不一定得到鬼神的佑助；明主成就事功在于保持空灵的心境，而不在于用玉器钱帛厚祭神灵。

“牺牷”，丁士涵以为当从〈形势解〉作“牺牲”。“飨”，献祭。“主功”，君主成就事功。“有”，保有，保持。“素”，空灵虚静。“宝”，指祭祀之玉器。“币”，祭神的钱帛。

(10) 羿之道，非射也；造父之术，非驭也；奚仲之巧，非斫削也：后羿之道，不局限于射技上；造父之术，不局限于驾技上；奚仲之妙，不局限于斫削之技上。

“羿”、“造父”、“奚仲”，分别为古史中善射、善驾和善制车子的人。“斫削”，削木以制车。所谓“射”、“驭”、“斫削”皆是技，而“羿之道”、“造父之术”、“奚仲之巧”则指道，即庄子所谓“臣之所好者道也，进乎技矣”（〈养生主〉）。技是臣之有为，道是君之无为，庄子“不射之射”、“其钓若钓”即道也。无为者，操其名而佚；有为者，效其形而劳。

(11) 召远者使无为焉，亲近者言无事焉，唯夜行者独有也：使远人来归而不凭借使者，使国人亲附而不依靠语言，只有与道冥然契合者才能有此神妙。

“召”，致，使之至。“使”，使节，使者。“亲”，使之亲附。“无为”与“无事”同义，皆谓无用、不用。“夜行”犹“心行”，谓内心冥然契合于道。“独有”下脱“之”字（王念孙说）。下文“四方所归，心行者也”即此“夜行”之义，〈形势解〉正以“能心行德”释“夜行”。“夜行”或释为“阴行”，此是就道的性状而说；“心行”则是就道的应用而言。道之行贵在微晦，故微晦而行用道者谓之“夜行”；微晦行道而不着迹象，则莫过于心，故又谓之“心行”。

二

平原之隰，奚有于高？大山之限，奚有于深[(1)]？訾讆之人，勿與任大[(2)]。譕巨者可以遠舉，顧憂者可與致道[(3)]。其計也速而憂在近者，往而勿召也[(4)]。舉長者可遠見也，裁大者衆之所比也[(5)]。美人之懷，定服而勿厭也[(6)]。必得之事，不足賴也；必諾之言，不足信也[(7)]。小謹者不大立，訾食者不肥體[(8)]。有無棄之言者，必參于天地也[(9)]。

【解释】

(1) 平原之隰，奚有于高？大山之限，奚有于深：平泽之处虽偶有土堆，怎能算得高崇；高山之处虽偶有洼地，怎能算低卑。

“平原之隰”当作“平隰之封”（王念孙说）。“隰”，下湿之地，指沼泽。“封”，本谓堆土，引申指小土堆。“限”，山上低洼之处。“深”读作“沉”，低下。〈宙合〉“苟大意得，不以小缺为伤”即此“大山之限，奚有于深”。《淮南·汜论》“河上之丘冢，不可胜数，犹之为易也；水激兴波，高下相临，差以寻常，犹之为平”显系由“平隰之封”四句化出。

(2) 訾讆之人，勿与任大：毁贤誉恶混淆是非之人，不可委以重

任。"訾",毁贤。"訾",誉恶。(尹注)

(3) 讬巨者可以远举,顾忧者可与致道:谋划远大的人,可与之共举大事;见识长远的人,可与之共图大业。

"讬",古"谟"字,谋划。"巨",通行本误作"臣","以"当作"与"(猪饲彦博说)。"可与远举",谓可与之共举大事。"顾",瞻视。"忧"与优、悠古通,谓大、远、久。"顾忧",犹言高瞻远瞩。"可与致道",犹言可与共图大业。

《淮南·氾论》"体大者节疏,蹠距者举远",又云"制法之民不可与远举,拘礼之人不可使应变"。可见"谟巨顾忧"者,即是不宥制于旧法,不拘泥于旧礼的"应变"之人。而所谓"顾忧",即是"观往以知来"(《列子·说符》),它包含对以往的总结和对未来的设计这样双重含义。

(4) 其计也速而忧在近者,往而勿召也:对只知谋求近期效益、思虑短浅之人,应该挥之使去,勿召而用之。"计",设计谋划。"忧",思虑。"往",使之去,使离开。

(5) 举长者可远见也,裁大者众之所比也:举措长远者可使远人仰见,才度浩大者可使众人顺此。"裁"同"材"、"才"。"比",顺比、亲附。或读"比"为"荫庇"之"庇"。

(6) 美人之怀,定服而勿厌:要使人民甘心乐意地归附,就必须行用道德而不违弃它。

据解义和尹注,"美人之怀"当作"人美怀之",谓人民乐于怀归。"服而勿厌"语出《诗·葛覃》"服之无斁"(毛传:"斁,厌也”)。“服”,用,行。“厌”,违弃。解文、尹注均认为所服用者为“道德”,下文均谈道之用,可证。

(7) 必得之事,不足赖也;必诺之言,不足信也:不该得而偏要得的东西,是靠不住的;不应允诺而偏要允诺的语言,是信不过的。

(8) 小谨者不大立,訾食者不肥体:谨小慎微者不能有伟大的成就,挑拣食物者不能有壮健的体魄。

“訾”古本作“嚽”,〈形势解〉亦作“嚽”。《玉篇》“嚽,嫌食貌”。按:责人之疵曰訾,责食之疵曰嚽。

《淮南·说林》“画者谨毛而失貌,射者仪小而遗大”,义同。

(9) 有无弃之言者,必参于天地也:若能谨记上述所言,则其德可比配天地。

“有”,读为“若”(《国语·鲁语》“其中有羊”,《史记·孔子世家》作“其中若羊”)。“弃”,遗弃、遗忘。“之言”,此言,指以上所述。

“之言”指“平隰之封”至“訾食者不肥体”这一大段文字。这段文字特点与古代之格言谚语接近,其形式类似于《黄帝四经》的〈称〉。

三

墜岸三仞,人之所大難也,而猿猱飲焉[(1)]。故曰伐矜好專,舉事之禍也[(2)]。不行其野,不違其馬[(3)]。能予而無取者,天地之配也[(4)]。怠倦者不及,無廣(曠)者疑神;〔疑〕神者在內,不及者在門;在內者將假,在門者將待[(5)]。曙戒勿怠,後稚逢殃;朝忘其事,夕失其功[(6)]。邪氣入內,正色乃衰[(7)]。君不君則臣不臣,父不父則子不子,上失其位則下逾其節,上下不和令乃不行[(8)]。衣冠不正則賓者不肅,進退無儀則政令不行[(9)]。且懷且威,則君道備矣[(10)]。莫樂之則莫哀之,莫生之則莫死之。往者不至,來者不極[(11)]。

【解释】

(1) 坠岸三仞,人之所大难也,而猿猱饮焉:面对三仞高的悬崖,人以为大难而猴子却能娴熟迅捷地跳行往来。

"坠岸",指悬岸、悬崖。"仞",七尺。"饮"古作"歙",当读作"闇"(即谙),娴熟迅捷。《庄子·庚桑楚》云"夫寻常之沟,巨鱼无所还其体而鲵鳅为之制;步仞之丘,巨兽无所隐其躯而蘖狐为之祥",其所喻相同,皆说"尺有所短,寸有所长,物有所不足，智有所不明”之理(《楚辞·卜居》)。

(2) 故曰伐矜好专，举事之祸也：自我夸耀、骄傲自大、自以为是、专断偏执，这些都是君主行事的祸根。

“故曰”二字疑衍(王念孙说)。“伐”谓自夸，“矜”谓自大，“好”谓自是，“专”谓独断。国君当戒此四者，道家多有所论，而一本老子。

(3) 不行其野，不违其马：人虽暂时不驰行于野外，马亦不可弃而不养。

此论说“举长者”的“远见”。“违”，弃。〈形势解〉云“虽不行于野，其养食马也，未尝懈惰也。民者，所以守战也；故虽不守战，其治养民也，未尝懈惰也”。就马而言，虽不行野亦善养之；就民而言，虽天下“无事”亦善“安”之。如此，方能“以其有事，起之则天下听”(《黄帝四经·经法·论》)。

(4) 能予而无取者，天地之配也：只知给予而不知索取的，便可称得上是德配天地。

这是针对上文“必得之事不足赖也”而说。帛书《缪和》“君人者有大德于民而不求其报”、〈乾·文言〉“乾能以美利利天下，不言所利”，只予不取，是父母之爱子，因此“父母之行备，则天地之德也”(《黄帝四经·经法·君正》)。

(5) 怠倦者不及，无广(旷)者疑神；〔疑〕神者在内，不及者在门；在内者将假，在门者将待：怠慢倦惰者不能抓住时机，勤奋勉力者则趋时若神；趋时若神者倏焉在前，贻误时机者迟焉在后；在前者闲暇从容，滞后者劳乏疲困。

“及”，及时，趁时。“不及”，谓贻误时机。“旷”通行本作“广”，据猪饲彦博等说改，疏懒荒废。“无旷”，指勤勉。“疑”同“拟”（刘师培等说），“拟神”，谓趋时若神。“拟神者”，“疑”字旧脱，据猪饲彦博校补。“在内”、“在门”，犹在前、在后。“假”读为“暇”，“待”读为“殆”（闻一多说）。

这几句所论说的，是黄老道家的“趋时取福”说。

(6) 曙戒勿怠，后稚逢殃；朝忘其事，夕失其功：晨时懈怠，晚间遭殃；早间荒疏其事，晚间必失其功。

“曙戒”当读为“曙刻”，谓黎明时（“戒”、“刻”同为见母职部字，古为同音字。《汉书·宣帝纪》注“刻者，以漏言时也”）。“勿”读为“忽怠”之“忽”，“稚”读为“迟暮”之“迟”（闻一多说）。“后”与“迟”同义。“忘”读为“荒”。

《国语·越语下》“得时无怠，时不再来，天予不取，反为之灾，赢缩变化，后将悔之”，与此同旨。

(7) 邪气入内，正色乃衰：邪气侵袭于内，正色则衰退于外。《黄帝四经》“色者心之华也，气者心之浮也”（〈十大经·行守〉），《国语·晋语》“夫貌，情之华也”。〈内业〉、〈心术〉亦多有相似言论。

(8) 君不君则臣不臣，父不父则子不子，上失其位则下逾其节，上下不和令乃不行：做君主的徒有其名，为人臣的便无人臣之实；做父亲的徒有其名，为人子的即无人子之实；居上位者失其所处，下属就会僭越名分；上下失去和谐则法度律令便不会实施。

《黄帝四经》颇多这类言论，如谓："观国者观主，观家者观父。……主失位则国荒，臣失处则令不行。"（《经法·六分》）

(9) 衣冠不正则宾者不肃，进退无仪则政令不行：名分等级不严格则臣下懈怠，动静刑赏无准度则政令不行。

"衣冠"，喻名分等级。"宾"本谓傧相，礼宾之官，在此喻臣下。"进退无仪"本谓登降揖让不合礼仪，在此喻动静刑赏失去准度。"政令"，疑本作"号令"，本谓傧相之号令，在此喻政令。

按："衣冠不正则宾者不肃"说正名，"进退无仪则号令不行"说正法。

(10) 且怀且威，则君道备矣：既以德赏怀抚，又以刑罚威慑，这样就具备了为君之道。

"且怀且威"即《黄帝四经》的"刑德相养"、"德虐相成"。"怀"谓"母之德"，"威"谓"父之行"；"父母之行备，则天地之德也"（《黄帝四经·经法·君正》）。

(11) 莫乐之则莫哀之，莫生之则莫死之；往者不至，来者不极：不能使民安乐则民亦不会分君之忧，不能使民生育繁息则民亦不会为君出死效力；君主无所施与，臣民也无所报效。

"乐"谓使之佚乐，"生"谓使之生息。〈牧民〉"民恶忧劳，我佚乐之”，“民恶灭绝，我生育之”，“能佚乐之，则民为之忧劳”，“能生育之，则民为之灭绝”，即本文“莫乐之则莫哀之，莫生之则莫死之”。“往”，谓君主之施。“来”，谓臣民之报。“极”，到来。

四

道之所言者一也，而用之者異[1]。有聞道而好爲家者，一家之人也；有聞道而好爲鄉者，一鄉之人也；有聞道而好爲國者，一國之人也；有聞道而好爲天下者，天下之人也；有聞道而好定萬物者，天下之配也[2]。道往者其人莫來，道來者其人莫往[3]。道之所設，身之化也[4]。持滿者與天，安危者與人[5]。失天之度，雖滿必涸；上下不和，雖安必危[6]。欲王天下而失天之道，天下不可得而王也[7]。得天之道，其事若自然；失天之道，雖立不安[8]。其道既得，莫知其爲之；其功既成，莫知其釋之；藏之無形，天之道也[9]。疑今者察之古，不知來者視之往；萬事之生也，異趣而同歸；古今一也[10]。

【解释】

(1) 道之所言者一也，而用之者异：道所阐述的本是同一个道理，但却可以有不同的施用范围。

以下分别从家、乡、国、天下、万物这样不同的范围而论述道之理同而用者异,《黄帝四经》所谓"乃可小夫,乃可国家"(〈十大经·前道〉)、"小以成小,大以成大"(〈道原〉)。

(2) 有闻道而好为家者,一家之人也;有闻道而好为乡者,一乡之人也;有闻道而好为国者,一国之人也;有闻道而好为天下者,天下之人也;有闻道而好定万物者,天下之配也:"为",治理。"人",人才。"定万物",使飞潜动植等一切物种皆以正定其性。"天下之配"当作"天地之配"(黄震、王念孙说),谓德配天地。

此以道定万物并视之为最高层次。道之施用,由家而乡而国而天下的次序与老子论道的流衍扩散的次序完全一样(参见《老子》第五十四章),《礼记·大学》与此相近,但无"乡"这个层面;《庄子·逍遥游》"行比一乡"、"能征一国"也有"乡"这个层面。《黄帝四经·十大经·前道》也说"正道不殆,可后可始。乃可小夫,乃可国家,小夫得之以成,国家得之以宁。小国得之以守其野,大国得之以并兼天下"。

(3) 道往者其人莫来,道来者其人莫往:得道者则民归之,失道者则民去之。

这两句宋杨忱本作"道往者其人莫往,道来者其人莫来",古本作"道往者其人莫来,道来者其人莫往"。按:疑本作"道来者其人莫往,道往者其人莫来"。"道来",谓得道,

"道往"谓失道;"往"谓离去,"来"谓来归。〈形势解〉及尹注亦是得道、失道的次序,下文"得天之道"、"失天之道"的次序与此同。

(4) 道之所设,身之化也:道之所在,让人们契合它的运动变化。

"身之化也"当作"身与之化也"(许维遹说)。

道有恒止、变化两种特性。道的运动变化促使万物发生变化,这即是《黄帝四经》所说的"夫唯一不失,一以驺(趋)化"(〈十大经·成法〉);天道运动变化,万事万物亦与之相契合,就能向好的方向转化,这即是《黄帝四经》所说的"合之(契合道的运动变化)而涅(化)于美"(〈十大经·前道〉)。

(5) 持满者与天,安危者与人:使完满保持守定,就必须契合天道;使危亡转为安泰,就必须顺应民心。"持",把握。"与",顺从。

《国语·越语下》"夫国家之事,有持盈,有定倾",又云"持盈者与天,定倾者与人"。

(6) 失天之度,虽满必涸;上下不和,虽安必危:天道若失,满盛亦会枯竭;人道不和,安泰亦会转为危殆。

此二句承上二句而说。《黄帝四经·称》说"毋失天极,究数而止",之所以要"究数而止",是因为"极而反,盈而衰";人道之重"和"是取法天道之重"度",故帛书《易之义》说"毋过数而务重和"。

(7) 欲王天下而失天之道,天下不可得而王也:要称王天下却背离天道，天下是不可能统一的。

从“欲王天下”、“可得而王天下”等虚拟语气看，它反映黄老道家早期对王天下的构想特征，《黄帝四经》与此接近；所谓“王”有更多的老、庄“圣王”的气象。未得天下者，多重天道；已得天下者，多重人道。故战国道家与秦汉道家在论王天下时，常有这种分际。

(8) 得天之道，其事若自然；失天之道，虽立不安：掌握了天道，统一天下的事功便会自然而成；违背天道，即便成就了事功也不能保持。

此承上“王天下”而继续申说。下文“莫知其为之”、“莫知其释之”即是“其事若自然”的展开。按照《黄帝四经》的说法，掌握了道就可以像“大庭氏之有天下也，不辨阴阳，不数日月，不志四时，而天开以时，地成以材”(〈十大经·顺道〉)，就可以“名自命也，物自正也，事自定也”(〈经法·论〉)。

(9) 其道既得，莫知其为之；其功既成，莫知其释之；藏之无形，天之道也：得到了道，却不知它是如何发挥作用的；成就了事功，却不知它是何时离去的；行藏隐现皆无形迹可寻，这就是天道的特性。

“释”，去，离开。“藏”，是“行藏”的省文，谓隐现。道之性，“人皆以之，莫知其名；人皆用之，莫见其形”(《黄帝四经·道原》)，此即“其道既得，莫知其为”；“生而弗有，为而弗恃，功成而不居”、“功遂身退，天之道也”(《老子》第二、九章)，此即“其功既成，莫知其释之”。

(10) 疑今者察之古，不知来者视之往；万事之生也，异趣而同归；古今一也：不了解今天可以考察古代，不知未来可以回顾历史；事物的本性，发展方式有异而终极却一致，古往今来其总规律是一样的。

“生”同“性”(郭沫若说)。“趣”，路径，犹言方式。

本篇开篇即说“天不变其常，地不易其则，古今一也”，又说“道之所言者一也，而用之者异”，即此“异趣而同归”。

“观前知反”、“观治知乱”(《黄帝四经·称》)、“圣人见出以知入，观往以知来”(《列子·说符》)、“彰往而察来”(《易传·系辞下》)，道家对此多有论述。

五

生棟覆屋，怨怒不及。弱子下瓦，慈母操箠(1)。天道之極，遠者自親；人事之起，近親造怨(2)。萬物之于人也，無私近也，無私遠也(3)。巧者有餘，而拙者不足(4)。其功順天者天助之，其功逆天者天違之；天之所助，雖小必大；天之所違，雖成必敗；順天者有其功，逆天者懷其凶，不可復振也(5)。

【解释】

(1) 生栋覆屋，怨怒不及。弱子下瓦，慈母操箠：以新伐之木为屋栋，未经风干变形而导致屋坍，这不能责怪木材；小孩子拆下屋瓦，母亲必然要捶之以木棍。

“生栋”，以新伐之木为栋（猪饲彦博说）。“覆屋”，谓以未经风干之木为屋栋，日久则变形而使房屋倾覆。“弱子”，幼子，小孩。“箠”，即棰，木材，木棍。

(2) 天道之极，远者自亲；人事之起，近亲造怨：以客观规律为准则，远方的人会来亲近而归附；以主观意愿来办事，亲近者也会怨恨而离去。

(3) 万物之于人也，无私近也，无私远也：万物对于人来说，本无亲疏远近之别。

《吕览·贵公》“阴阳之和，不长一类；甘露时雨，不私一物；万民之主，不阿一人”，正是申说此文所谓“无好无恶，道也”。

(4) 巧者有余，而拙者不足：懂得道术的巧者游刃有余，不懂得道术的拙者，成事不足。

“巧者”即下文之“顺天”者，“拙者”即下文之“违天”者。“巧者”无为而顺天；“拙者”则反之。《庄子·天道》“无为也则用天下而有余，有为也则为天下用而不足”，《吕览·贵公》“处大官者不欲小察，不欲小智，故曰大匠不斫，大庖不豆，大勇不斗，大兵不寇”，此即说无为、操名之“巧者”。《黄帝四经》

说“以有余守，不可拔也；以不足攻，反自伐也”（《经法·君正》），又说“知王术者，费少而有功；不知王术者，费多而无功”（《经法·六分》），此亦属“有余”、“不足”之说。

(5) 其功顺天者天助之，其功逆天者天违之；天之所助，虽小必大；天之所违，虽成必败；顺天者有其功，逆天者怀其凶，不可复振也：其事顺应天道则天助之，其事违逆天道则天弃之；天道所助者，虽弱小而终必强大；天道所弃者，虽事成而终必败亡；顺天道者能成就事功，逆天道者必有凶殃，无可挽救。

此文疑作“顺天者天助之，有其功；逆天者天违之，怀其凶；天之所助，虽小必大；天之所违，虽成必败”。功与凶，东部叶韵；大与败，月部叶韵。“不可复振”盖是古注误入正文。《黄帝四经》云“顺天者昌，逆天者亡”（〈十大经·姓争〉）。顺天者，谓动静得时，执守雌节；逆天者，谓动静失时，执守雄节。故《黄帝四经》又云“静作得时，天地与之；静作失时，天地夺之”（〈十大经·姓争〉），又说“雄而数得，是谓积殃，凶忧重至，几于死亡；雌节而数亡，是谓积德，慎戒毋法，大禄将极”（〈十大经·雌雄节〉）。

六

烏鳥之狡，雖善不親；不重之結，雖固必解[1]。道之用也，貴其重也[2]。毋與不可，毋彊不能，毋告不知；與不可，疆不能，告不知，謂之勞而無功(3)。見與之交，幾于不親；見哀之役，幾于不結；見施之德，幾于不報；四方所歸，心行者也(4)。獨王之國，勞而多禍；獨國之君，卑而不威；自媒之女，醜而不信(5)。未之見而親焉，可以往矣；久而不忘焉，可以來矣(6)。日月不明，天不易也；山高而不見，地不易也(7)。言而不可復者，君不言也；行而不可再者，君不行也(8)。凡言而不可復，行而不可再者，有國者之大禁也(9)。

【解释】

(1) 乌鸟之狡，虽善不亲；不重之结，虽固必解：如乌鸦般交往，虽一时相好但终不相亲；不是反复缠绕的绳结，虽一时系紧但终必松解。

“狡”同“交”(江翰等说)，〈形势解〉作“乌集之佼”，“佼”亦同“交”，交往。“重”，重复，反复缠绕。

〈枢言〉云：“先王不约束，不结纽。约束则解，结纽则绝。故亲不在约束结纽。”善而亲，结而固，在于“心行”。

(2) 道之用也，贵其重也：道在运用时，贵在惇厚诚敬。

“重”，惇厚诚敬。“道之用也，贵其重也”之上当有缺文，张佩纶云“此以乌鸟之交喻见与之交，以不重之结喻见哀之役，不应见施之德句不设一喻，疑有阙文”。

“道之用也，贵其重也”为以上三“喻”（缺一喻）作结，而“四方所归，心行者也”又为以上三“正”作结；“道之用”正与“心行”呼应，“心行”又为“道之用”之注脚。

(3) 毋与不可，毋疆不能，毋告不知；与不可，疆不能，告不知，谓之劳而无功：不要亲与不可信赖之人，不要勉强不能信守恒德之人，不要传道于狂惑无知之人；否则必劳而无功。“与”，相亲与。

“毋与不可”承上“乌鸟之狡，虽善不亲”而说，故“不可”谓不可信赖。“毋疆不能”承上“不重之结，虽固必解”而说，故“不能”谓不能信守恒德者。“毋告不知”所承之文有缺，前文訾讆者、小谨者、訾食者、飞蓬燕雀之小知小术者，均不可告之以大道，庄子所谓“井蛙不可以语于海者，曲士不可以语于道者”（《庄子·秋水》），故“不知”指狂惑无知之徒。

(4) 见与之交，几于不亲；见哀之役，几于不结；见施之德，几于不报；四方所归，心行者也：表面上显示亲昵的友情实际上谈不上亲近，表面上显示爱悦的交谊实际上谈不上结好，表面上显示施与的恩惠实际上谈不上报答；想要天下归心，关键还是默而行道。

“见与之交”、“见哀之役”当从〈形势解〉作“见与之友”、“见爱之交”（王念孙说）。“见”，表现、显示。“心行”，默而行道。

“心行”与“见”相对，“见”谓彰显，“心行”谓微晦。彰显其亲、其爱、其施，是着迹，是下德；“心行”为上，正是老子所谓“善结无绳约而不可解”。

(5) 独王之国，劳而多祸；独国之君，卑而不威；自媒之女，丑而不信：君主专断独裁的国家，必定民劳财伤而祸殃不断；专断一国的君主，反而卑弱而无威严；自为媒妁之女子，必然难以取信于人。

“独王”，专断独裁的君主。“独国”，孤立的国家。这都是“独夫”、“一夫”之谓。

(6) 未之见而亲焉，可以往矣；久而不忘焉，可以来矣：君主不能被人民所亲信，人民会离弃他；君主能使人持久地感怀他，人民会来归附。

(7) 日月不明，天不易也；山高而不见，地不易也：日月偶有亏蚀但终不损其明，因为天道是不变的；大山偶有低洼但终不损其高，因为地道是不变的。

(8) 言而不可复者，君不言也；行而不可再者，君不行也：言语如果有误，国君即不可再说；行事如果有失，国君即不可再做。

(9) 凡言而不可复，行而不可再者，有国者之大禁也：重复过失之言和过失之行，是君主的大忌。

〈形势〉开篇说“天常地则”，结尾说“言行”，是始于道而终于德。

〈宙合〉解释

“宙合”，即合络宇宙之义。唯道与气，大之无外，小之无内，可合络宇宙，故“宙合”即道、即气。

〈内业〉专论心与气，“宙合”则论道与气纲领下的人间万理。

本篇分前经后解，其写作体例与〈心术上〉相同。

本篇与《管子》四篇等一样，均属稷下道家作品。如论君佚臣劳（第一章），论绳墨法度（第二章），论因时（第三章），论戒盈（第四章），论周密慎言（第五章），论微晦之道（第六章），论任贤（第七章），论与变随化（第八章），论心官、易政（第九章），论骄佚（第十章），论天时地利人事（第十一章），论持守名分（第十二章），论积与报（第十三章），论道气应当（第十四章），这些都是战国稷下作品所常见的论题。本篇与〈白心〉、〈内业〉、〈心术〉、〈形势〉及〈枢言〉等思想一致，尤其末章论气（宙合）、论应、论当，均见于〈内业〉、〈心术〉、〈白心〉。本篇末章为全篇之大结，亦是本篇之纲纪。

经

左操五音,右執五味[(1)]。

懷繩與准鉤,多備規軸,減溜大成,是唯時德之節[(2)]。

春采生,秋采蓏,夏處陰,冬處陽,大賢之德長[(3)]。

明乃哲,哲乃明,奮乃苓,明哲乃大行[(4)]。

毒而無怒,怨而無言,欲而無謀[(5)]。

大揆度儀,若覺臥,若晦明,若敖之在堯也[(6)]。

毋訪於佞,毋蓄於諂,毋育於凶,毋監於讒。不正,廣其荒[(7)]。

不用其區區,鳥飛准繩[(8)]。

讂充末衡,易政利民[(9)]。

毋犯其凶,毋邇其求,而遠其憂,高爲其居,危顛莫之救[(10)]。

可淺可深,可浮可沉,可曲可直,可言可默;天不一時,地不一利,人不一事[(11)]。

可正而視,定而履,深而迹[(12)]。

夫天地一險一易,若鼓之有椁〈桴〉,擿擋則擊[(13)]。

天地萬物之橐,宙合有橐天地[(14)]。

【注释】

(1) 左操五音，右执五味：尹注“左阳，君道；右阴，臣道”，此论君臣分职，犹所谓“左执规（天道、君道），右执矩（地道、臣道）”。吴汝纶、郭沫若据解文以为此“右执五味”下脱“故名之曰不德”。此为经文一章。

(2) 怀绳与准钩，多备规轴，减溜大成，是唯时德之节：“绳”为取正之具。“准”为取平之具。“钩”为取直之具。三者以喻法度。“规轴”即圆轴，喻法度宜宛转柔顺。“减”犹“咸”。“溜”，解文释为“发”。“咸发”即《易传》之“品物咸亨”。“节”，符节，喻相合。“时德之节”谓“时”与“德”相合。“怀绳与钩”云云，黄老道家多有论及，如《黄帝四经·经法》的〈道法〉、〈四度〉等。此为经文二章。

(3) 春采生，秋采蓏，夏处阴，冬处阳，大贤之德长：“蓏”，秋天成熟的果实。春采生鲜芽叶，秋采成熟果实，与下二句“夏处阴，冬处阳”一样喻相时而动。此为经文三章。

(4) 明乃哲，哲乃明，奋乃苓，明哲乃大行：“明”谓自知。明哲者，谓自知其雄而能守其雌。“奋”，强盛。“苓”同“零”，衰落。“奋乃苓”，即“盛极而衰”，与《老子》第三十六章旨义相同，亦即老子所谓“物壮则老”。此为经文四章。

(5) 毒而无怒，怨而无言，欲而无谋：“毒”，恨（《后汉书·冯衍传》注）。“欲”，图画。憎恶而不形怒于外，怨恨而不见诸言表，心有所图则默而行之。此为经文五章。

(6) 大揆度仪，若觉卧，若晦明，若敖之在尧也：“大揆度”，指深思熟虑。“仪”字疑属下读，言其仪态若觉卧、若晦明。“若觉卧”，即清醒而表现出不清醒。“觉”，醒觉、清醒。“卧”即“寐”，“觉”之反面。《淮南·精神》“故觉而若昧”即此。“若晦明”，张佩纶以为当作“若明晦”，谓明白而表现出不明白。“若敖之在尧”，谓如同敖在尧前之童蒙无知。“敖”，尧之子。此与老子所谓“知雄守雌”、“大白若辱”、“俗人昭昭，我独昏昏”相近。此亦承上章之慎周密而说。此为经文六章。

(7) 毋访于佞，毋蓄于谄，毋育于凶，毋监于谗。不正，广其荒：“访”，谓征召聘用。“蓄谄育凶”，谓畜养谄官凶吏。“监”，保护。又可读为“鉴”，借鉴、采纳。“不正，广其荒”，谓治国失正，虽欲自大亦可损败。“广”，自大。“其”犹“可”。“荒”，损败。此为经文七章。

(8) 不用其区区，鸟飞准绳：吴汝纶说“鸟飞准绳上，据后解当有圣人参于天地六字”。“区区”，小谋小智。“不用其区区”，言圣人之治，不在于用小术，而在于匹配天地之道，持守虚静。故下文云“圣人参于天地”（吴汝纶校），解文云“不用其区区，虚也”。“鸟飞准绳”，言鸟之飞虽有小曲而无碍其大直，可为人行为之准绳。此为经文八章。

(9) 謓充末衡，易政利民：“末”，谓耳目。“衡”，正，端正。“謓”当读为“中”（孙蜀丞说）。《汉书·李广传》注：“中犹充也，读与复同。”“中”，谓心。“充”，实，诚实。此言心地忠实则耳目端正。故解文云：“謓充，言心也，心欲忠；末衡，言耳目也，耳目欲端。”“易”，平易、宽松。“易政利民”，谓政治平易宽松则有利于民。此“易政”与解文之所谓“险政”正相为对。此为经文九章。

(10) 毋犯其凶,毋迩其求,而远其忧,高为其居,危颠莫之救:"迩",亲近。其义犹言贪图。"远",疏远,遗忘。"高为其居",喻骄居高位。此言谨慎韬晦勿行凶险之事,不要贪于求取而忘其忧患,骄居高位则危险甚至颠覆而无法挽救。此为经文十章。

(11) 可浅可深,可浮可沉,可曲可直,可言可默;天不一时,地不一利,人不一事:因天不一时、地不一利、人不一事,故浅深、浮沉、曲直、言默均当宛转随宜。此为经文十一章(原十一举目在"可言可默"下,刘绩以为当在"人不一事"下。今从刘说)。

(12) 可正而视,定而履,深而迹:三个"而"字均同"尔",汝。"履",谓所处之位。"深",坚实。"迹",事迹、行迹。此言应该端正你审视问题的立场,正定你所处的职分,使你的行事坚实不苟,此为经文十二章。

(13) 夫天地一险一易,若鼓之有椁〈桴〉,擿挡则击:"椁"当作"桴",鼓棰(洪颐煊说)。"擿挡",鼓声。"则"犹"乃"。"擿挡则击",谓擿挡之声乃由敲击所致。此言天地之道有险有易,人之道亦有险有易,然险之与易,皆由人为所致,此犹鼓之擿挡之声乃由敲击所致。此为经文十三章(按:原文此处不分章,此依赵守正分章法)。

(14) 天地万物之橐,宙合有橐天地:"橐",用为名词犹言口袋;用为动词,犹言包裹、包罗。"有"同"又"。此言天地如同万物的口袋,而宙合又包裹着天地。从解文对"宙合"的描述来看,它与〈内业〉、〈心术〉等对"气"和"道"的描述是一样的,因此,“宙合”即指“合络宇宙”的“气”。此为经文十四章。

解·一

“左操五音,右執五味”,此言君臣之分也。君出令佚,故立于左;臣任力勞,故立于右(1)。夫五音不同聲而能調,此言君之所出令無妄也,而無所不順,順而令行政成。五味不同物而能和,此言臣之所任力無妄也,而無所不得,得而力務財多。故君出令,正其國而無齊其欲,一其愛而無獨與是(2);王施而無私,則海內來賓矣(3)。臣任力,同其忠而無爭其利(4),不失其事而無有其名;分敬而無妒,則夫婦和勉矣(5)。君失音則風律必流(6),流則亂敗;臣離味則百姓不養,百姓不養則衆散亡。君臣各能其分則國寧矣(7),故名之曰不德(8)。

【解释】

(1) 君出令佚,故立于左;臣任力劳,故立于右:尹注云“左阳,君道;右阴,臣道”。按:左为阳、为上、为尊,右为阴、为下、为卑。就尊卑言,君为阳、臣为阴;然就动静说,则君位于阴,臣位于阳。阴者为静,阳者为动。〈心术上〉所谓“人主者,立于阴,阴者静”。“立于左”、“立于右”之“立”字同“位”。此君佚臣劳，即〈心术上〉君静臣动。

(2) 正其国而无齐其欲，一其爱而无独与是："齐"读为"济"，成也(安井衡、俞樾说)。"一其爱"即同其爱，普爱天下。"与"犹"亲"。"是"，指君主以自己的标准认为好的人。这是说君主公正为国而非成其私欲，普爱天下而非独亲自认为是者。这都在于戒君"无私"。

(3) 王施而无私，则海内来宾矣："王"，或以为当作"平"(猪饲彦博说)，或以为当作"正"(王念孙、安井衡说)。"宾"，归顺、听从。

(4) 同其忠而无争其利："忠"，疑当作"患"(李哲明说)。此言臣与君共患难而不计较禄利薄厚。《黄帝四经·称》及《慎子·因循》有"禄薄者不与犯难"(《慎子》作"入难"，均是患难之意)之说。

(5) 分敬而无妒，则夫妇和勉矣："分敬"疑当作"敬分"。"夫妇"，泛指天下男女。此言群臣敬守其名分而无妒嫉，则天下男女会和谐共勉。

(6) 君失音则风律必流："风律"犹言音律(朱大韶说)。"流"，荡散(尹注)。调音有失则音律荡散，喻君主调控有误则民情乖离。

(7) 君臣各能其分则国宁矣："能"犹"得"(孙蜀丞说)。

(8) 不德：即"丕德"，大德(丁士涵说)。

解·二

"懷繩與准鉤，多備規軸，減溜大成，是唯時德之節。"夫繩，扶撥以爲正[(1)]；准，壞險以爲平；鉤，入枉而出直。此言聖君賢佐之制舉也[(2)]，博而不失[(3)]，因以備能而無遺。國猶是國也，民猶是民也，桀紂以亂亡，湯武以治昌。章道以教，明法以期[(4)]，民之興善也如此〈化〉[(5)]，湯武之功是也。多備規軸者，成軸也[(6)]。夫成軸之多也，其處大也不究〈窕〉[(7)]，其入小也不塞，猶迹求履之憲也[(8)]，夫焉有不適？善適，善備也，僊也，是以無乏[(9)]。故諭教者取辟焉[(10)]。天淯陽，無計量；地化生，無法崖(泮厓)[(11)]。所謂是而無非，非而無是，是非有，必交來；苟信是，以有不可先，規之；必有不可識，慮之；然將卒而不戒[(12)]。故聖人博聞多見，畜道以待物，物至而對形，曲均存矣[(13)]。減，盡也；溜，發也。言偏環畢，莫不備得[(14)]，故曰減溜大成。成功之術，必有巨獲[(15)]，必周於於德，審於時，時德之遇，事之會也，若合符然，故曰是唯時德之節。

【解释】

(1) 扶拨以为正："扶"，治(《淮南·本经》高诱注)。"拨"，不正。

(2) 制举：制度举措。

(3) 博而不失：完备而不失之烦琐。《淮南子》云“法烦难行”(〈泰族〉)、“官无繁治”(〈齐俗〉)。

(4) 章道以教，明法以期：彰显大道以教化人民，申明法度以待民遵守。

(5) 民之兴善也如此〈化〉：“兴”疑“与”字之讹。《仪礼》的〈燕礼〉及〈泰射〉等篇之“兴”字，武威出土《仪礼》简均讹为“与”。“与”，从也(《国语·齐语》注)。“如此”，当从宋本作“如化”(王念孙说)。“与善如化”，即从善如流。

(6) 多备规轴者，成轴也：尹注“规者，正圆器。轴者，转规。大小悉须备，故多备。方主严刚，圆主柔和。今用规者，欲施恩引物也”。“成轴”，大意是说规用以成就轴之圆转。

(7) 其处大也不究〈窕〉：“究”当作“窕”，宽松(猪饲彦博、王念孙说)。处大不宽松，处小不堵塞，言因其物宜，故无有不适。

(8) 犹迹求履之宪也：“宪”，法式。“履法”即“楦”，制鞋的模型。《说文》“楦，履法也”。丁士涵、许维遹读“宪”为“楦”似属多余。“犹迹求楦也”，言根据物之大小而应之以不同的规轴，犹如根据足迹以制作鞋楦。

(9) 夫焉有不适？善适，善备也，仙也，是以无乏：此当以“适”字句(姚永概、郭沫若说)。“仙也”当作“备也”(张佩纶说)。“善”，大，犹言非常。此言规轴既因物施宜，故岂有不适之理？其非常适宜，是因为规轴非常完备；因为非常完备，所以无有匮乏窘困。

(10) 故谕教者取辟焉:“取辟”即“取法”(尹注“辟,法也”)。又释为“取譬”(姚永概说),亦通。

(11) 天湇阳,无计量;地化生,无法崖(泮厓):“湇”,古“育”字。“阳”借为“养”(丁士涵说)。“法”当作“泮”,同“畔”,“畔崖”即边际(王引之说)。又按:“天生地养”乃古之恒语,故疑此文“天”、“地”互倒,本当作“地育养”,“天化生”。

(12) 所谓是而无非,非而无是,是非有,必交来;苟信是,以有不可先,规之;必有不可识,虑之;然将卒而不戒:“是而无非,非而无是”,此言是与非不两存,是即是、非即非,不可混淆。“是非有,必交来”,郭沫若释之为“是非相对,不能偏存”,是以《老子》“高下相盈”之对等观视之。“苟信是”之“是”犹言可行。“必”当作“以”。“规”同“窥”(许维遹说)。“卒”同“猝”。此言如信其可行,亦必有不可预先察见和识虑的因素,事物会猝然而至使之无法防备。《淮南·说山》“事或不可先规,物或不可豫虑,卒然不戒而至,故圣人畜道以待时”。

(13) 物至而对形,曲均存矣:“对”,配也(尹注)。“形”同“型”,模式、原理(赵守正说)。“曲均”犹曲直(郭沫若说)。又按:“形”疑当作“名”。“曲”,丁士涵云“玩尹注,曲疑则字之误”。则此言物至而配之以名,则平正存矣。

(14) 言徧环毕,莫不备得:“徧”,或本作“偏”,犹言局部;“环”犹言全体。“毕”下疑脱“善”字(郭沫若说)。

(15) 巨获:读为榘矱,法度(王念孙等说)。

解·三

“春采生,秋采蓏,夏處陰,冬處陽。”此言聖人之動靜、開闔、詘信、浧儒、取與之必因於時也(1)。時則動,不時則靜。是以古之士有意而未可陽也,故愁其治言,含愁而藏之也(2)。賢人之處亂世也,知道之不可行,則沉抑以辟罰,靜默以侔免(3)。辟之也猶夏之就凊,冬之就温焉(4)。可以無及於寒暑之菑矣。非爲畏死而不忠也。夫強言以爲僇,而功澤不加,進傷爲人君嚴之義,退害爲人臣者之生(5),其爲不利彌甚。故退身不舍端,脩業不息版(6),以待清明。故微子不與於紂之難,而封於宋,以爲殷主(7)。先祖不滅,後世不絶,故曰大賢之德長。

【解释】

(1) 诎信、浧儒:“诎信”即屈伸。“浧”读为“盈”。“儒”即“偄”、“緛”,同“缩”(王念孙说)。《淮南·人间》“诎伸赢缩舒卷”义同。

(2) 是以古之士有意而未可阳也,故愁其治言,含愁而藏之也:

“意”，图画。“阳”同“扬”（丁士涵说）。“愁”读为“揫”，收敛，“含”当作“阴”（王念孙说）。按：“阳”同“扬”，显扬、发扬（《释名》“阳，扬也，气在外发扬也”）。发扬与“含藏”相对，“含”字不误。〈坤·象〉六三说“含章可贞，以时发也”，〈坤·文言〉六三说“含之以从王事”，六五说“发于事业”，皆是发扬与含藏相对，与此同。前一“愁”字如王说读为“揫”，后一“愁”字当为衍字。原本当作“是以古之士有意而未可扬也，故揫其治言，含而藏之也”。〈心术上〉“治言出于口”，是“治言”辞例。郭沫若读“治”为“辞”，“言”字连下读，不可从。

(3) 沉抑以辟罚，静默以侔免：“辟”同“避”。“侔”，取。

(4) 辟之也犹夏之就清，冬之就温：“辟”同“譬”。“也”字衍（王念孙说）。尹注“喻贤者不避乱世”云云，可证此“辟”读为“譬”。“清”，凉。

(5) 进伤为人君严之义，退害为人臣者之生：“严”字疑作“者”（丁士涵说）。“进退”犹言上下（郭沫若注）。此皆承上文“强言”而说。此言贤士处不得时而强言显扬，则上可损及人君之义，下可自害己身之性命。

(6) 退身不舍端，修业不息版：“端”读为“专”，手板，为书写之薄（戴望说）。“修业”疑为“休业”之声讹，与“退身”同义（郭沫若说）。“版”，与“专”同，书版（〈说文〉：“专，六寸簿也”）。“不舍（捨）专”、“不息版”，均是“以待清明”之义。

(7) 故微子不与于纣之难，而封于宋，以为殷主：“微子”，名启，殷纣庶兄，谏纣不听，离去。周灭商，微子受封于宋。

解·四

"明乃哲，哲乃明，奮乃苓，明哲乃大行。"此言擅美主盛自奮也，以琅湯凌轢人(1)，人之敗也常自此。是故聖人著之簡筴，傳以告後進曰(2)：奮盛；苓，落也。盛而不落者，未之有也。故有道者，不平其稱，不滿其量，不依其樂，不致其度(3)。爵尊則肅士，祿豐則務施，功大而不伐，業明而不矜(4)。夫名實之相怨久矣，是故絕而無交(5)；惠者知其不可兩守，乃取一焉，故安而無憂(6)。

【解释】

(1) 以琅汤凌轹人："琅汤"犹"浪荡"，骄横放荡。"凌轹"，欺凌倾轧。

(2) 简筴：即简策，简册。"后进"，下文作"后世"。

(3) 不平其称，不满其量，不依其乐，不致其度："依"读为"殷"，高、盛(俞樾说)。"乐"，音律。"致"同"至"。此言有道之人，知雄守雌，不使称全足，不使量至满，不使音至高，不使度至极。

(4) 爵尊则肃士，禄丰则务施，功大而不伐，业明而不矜：两"则"

字犹“业明而不矜”之“而”，转折连词。“肃士”，谓敬贤。“业明”犹言业盛（俞樾说）。

(5) 夫名实之相怨久矣，是故绝而无交：“怨”犹“违”，乖离（许维遹说）。“无交”，不合。

(6) 惠者知其不可两守，乃取一焉，故安而无忧：“惠”同“慧”，义犹首句之“明哲”。名实相违既久，世人习以为常，名实两守则遭嫉，故明哲者但取其一。“取一”，言取其实而弃其名。

解·五

“毒而無怒”，此言止忿速濟沒法也[1]。“怨而無言”，言不可不慎也：言不周密，反傷其身[2]。故曰“欲而無謀”[3]，言謀不可以泄，謀泄菑極[4]。夫行忿速遂，沒法賊發[5]，言輕謀也，菑必及于身。故曰：“毒而無怒，怨而無言，欲而無謀。”

【解释】

(1) 此言止忿速济没法也：“济”，成。原文“速济”后有“没法”二字，为衍文（章炳麟说）。止忿则事速成。

(2) “怨而无言”，言不可不慎也：言不周密，反伤其身：〈系辞上传〉“乱之所生也，则言语以为阶。君不密则失臣，臣不密则失身，几事不密则害成，是以君子慎密而不出也"，所论与此同。

(3) 故曰"欲而无谋"："故曰"二字衍（王念孙说）。

(4) 极：至。

(5) 夫行忿速遂，没法贼发："贼发"，郭沫若读为"则废"，可从。"遂"与"废"对文。"没"同"昧"（《国策·赵策》"没死以闻"，《史记》作"昧死以闻"）。此言行于忿怒者速败，昧于法度者则废。《黄帝四经·十大经·本伐》"所谓行忿者，心虽忿，不能徒怒，怒必有为也，成功而无以求也非……道也"，是"行忿"辞例。

解·六

"大揆度儀，若覺卧，若晦明"，言淵色以自詰也[(1)]，靜默以審慮，依賢可用也，仁良既明，通于可不利害之理，循發蒙也[(2)]。故曰："若覺卧，若晦明，若敖之在堯也。"

【解释】

(1) 言渊色以自诘也："渊色"为"渊塞"之声讹（张佩纶说）。"自诘"，自我检讨。

(2) 静默以审虑，依贤可用也，仁良既明，通于可不利害之理，循发蒙也："用"下之"也"字当前移至"虑"字下。"可"当作

“才”。“良”字绝句（张佩纶说）。“循”当作“犹”（王念孙说），原文即“静默以审虑也：依贤才，用仁良，既明通于可不利害之理，犹发蒙也”。“可不”即“可否”。“犹发蒙”，言虽已明通，然犹表现出如初发（启发）之蒙（蒙昧）。

解·七

“毋訪于佞”，言毋用佞人也，用佞人則私多行[(1)]；“毋蓄于諂”，言毋聽諂，聽諂則欺上；“毋育于凶”，言毋使暴，使暴則傷民；“毋監于讒”，言毋聽讒，聽讒則失士。夫行私、欺上、傷民、失士，此四者用[(2)]，所以害君義失正也[(3)]。夫爲君上者，既失其義正，而倚以爲名譽；爲臣者，不忠而邪，以趨爵祿，亂俗敗世，以偷安懷樂，雖廣其威，可損也，故曰“不正，廣其荒”[(4)]。是以古之人，阻其路，塞其遂，守而物修[(5)]。故著之簡筴，傳以告後世人曰：其爲怨也深，是以威盡焉。

【解释】

(1) 用佞人则私多行：“私多行”当作“多行私”（钟肇鹏《管子简释》注）。

(2) 用：行。

(3) 害君义失正："君"字衍(张文虎，陶鸿庆说)。

(4) 虽广其威，可损也，故曰："不正，广其荒"：此当断句为"虽广，其威可损也，故曰不正，广其荒"。"广"谓自骄自大。此言若其不正，则虽欲自大，而其威可损。下句"威尽"即此"威损"，亦即经文之"荒"。《黄帝四经》"地恶广……广而不已，地将绝之"(〈十大经·行守〉)、"自光〔广〕者，人绝之"(《称》)，义同。

(5) 阻其路，塞其遂，守而物修：此言鉴于为人臣者的乱俗败世，故古之人阻塞其败乱之道，谨敬自守而不循蹈其辙。"遂"同"隧"，道路(孙蜀丞说)。"物修"当作"勿循"(赵守正说)。又按：自"夫为君上者，既失其义正，而倚以为名誉"以下，文序错乱，疑其原文当作："夫为君上者，既失其义正，而倚以为名誉；虽广，其威可损也。其为怨也深，是以威尽焉。故曰：'不正，广其荒。'为臣者，不忠而邪，以趋爵禄，乱欲败世，以偷安怀乐；是以古之人，阻其路，塞其隧，守而勿循。""故著之简策，传以告后世人曰"二句已见解文四章，此处又衍出。

解·八

"不用其區區者"，虛也[1]。人而無良焉，故曰虛也[2]。凡堅解而不動，陼陻而不行[3]，其於時必失，失則廢而不濟。天植之正而不謬，不可賢也；植而無能，不可善也；所賢美於聖人者，以其與變隨化也[4]。淵泉而不盡，微約而流施，是以德之流潤澤均加於萬物[5]。故曰聖人參於天地。

鳥飛准繩，此言大人之義也。夫鳥之飛也，必還山集谷。不還山則困，不集谷則死。山與谷之處也，不必正直，而還山集谷，曲則曲矣，而名繩焉[6]；以爲鳥起於北[7]，意南而至於南；起於南意北而至於北。苟大意得，不以小缺爲傷。故聖人美而著之曰[8]，千里之路，不可扶以繩；萬家之都，不可平以准。言大人之行，不必以先常，義立之謂賢[9]。故爲上者之論其下也，不可以失此術也。

【解释】

(1) “不用其区区者”，虚也：根据吴汝纶校，此似当作“不用其区区，圣人参于天地者，虚也”。言不用区区小术，圣人德配天地，这说的是虚静之道。

(2) 人而无良焉，故曰虚也：“而”犹“能”。“无良”，不以己为能。此言人能不自逞其能，故曰虚。

(3) 坚解而不动，陼隈而不行：“坚”，固。“解”，止(《汉书·五行志上》集解)。“陼隈”犹踟躇(郭沫若说)，徘徊不进。

(4) 天植之正而不谬，不可贤也；植而无能，不可善也；所贤美于圣人者，以其与变随化也：“天植”旧作“失植”，据俞樾说订正。许维遹说引〈版法解〉"天植,心也"。"植而无能"当作"直而无能",与"正而不谬"相对(郭沫若说)。"不可善也"当作"不可美也"(郭沫若说)。又按:"不谬"与"无能"相对,"无能"犹"无诒"。"能"与"台"同字,"台"读作"诒",谓欺诈。"与",随也,从也。此言仅心地正直而无欺诈,仍不可谓之贤美;圣人之所以贤美,在于能因随变化。此皆就上文之"时"言。〈内业〉、〈心术〉等多有论"与变随化"。

(5) 是以德之流润泽均加于万物:"流"字涉上文"流施"衍(丁士涵说)。

(6) 绳:直。

(7) 以为:因为。

(8) 著之:谓著之简册。

(9) 不必以先常,义立之谓贤:"先常"旧误作"先帝常","帝"字即"常"字之误而衍者,"先常"犹"故常","常"下绝句(王念孙说)。"故常",旧有之常规。"义立之谓贤",《荀子·王霸》篇亦有"义立而王"之"义立"辞例。按:本章"不用其区区,圣人参于天地",言弃小术而因时。"鸟飞准绳"论"不以小缺为伤"。〈形势〉篇与本篇多有相合者。

解·九

"諛充",言心也,心欲忠。"末衡",言耳目也,耳目欲端。中正者[(1)],治之本也。耳司聽,聽必順聞[(2)],聞審謂之聰。目司視,視必順見,見察謂之明。心司慮,慮必順言,言得謂之知。聰明以知則博,博而不惛,所以易政也[(3)]。政易民利,利乃勸,勸則告〈吉〉[(4)]。聽不順不審不聰[(5)],不審不聰則繆。視不察不明,不察不明則過。慮不得不知,不得不知則昏。繆過以惛則憂,憂則所以伎苛,伎苛所以險政[(6)]。政險民害,害乃怨,怨則凶。故曰"譓充末衡",言易政利民也[(7)]。

【解释】

(1) 中正:心正。另一说当作"忠正",承上文"忠"、"端"而说(赵守正说)。

(2) 听必顺闻:"顺"即"慎"字,顺、慎古通。下文"顺见"、"顺言"皆为"慎"字。

(3) 聪明以知则博,博而不惛,所以易政也:"以"犹"与"。"博"当作"抟",即"专"字,下同(许维遹说)。言专精而不惛(昏)乱。

(4) 劝则告〈吉〉:"告"当作"吉"(刘绩说)。

(5) 听不顺不审不聪:"不顺"宋本作"不慎",皆为衍字(刘绩、丁士涵说)。

(6) 缪过以惛则忧,忧则所以伎苛,伎苛所以险政:"缪"同"谬"。"以"同"与",古本、朱本即作"与昏"。两"忧"字同"扰"(许维適说)。"伎"同"枝",谓枝蔓繁琐。"枝苛",谓法规繁琐,政令苛刻。《淮南·齐俗》云"治国之道,上无苛令,官无繁治"。

(7) 言易政利民也:"言"字衍(猪饲彦博、王念孙说)。

解·十

"毋犯其凶",言中正以蓄慎也[(1)]。毋邇其求,言上之敗,常貪於金玉馬女而吝愛於粟米貨財也[(2)]。厚藉斂于百姓,則萬民懟怨[(3)]。遠其憂,言上之亡其國也,常邇其樂立優美,而外淫于馳騁田獵,內縱于美色淫聲[(4)],下乃解怠惰失[(5)],百吏皆失其端,則煩亂以亡其國家矣。高爲其居,危顛莫之救,此言尊高滿大,而好矜人以麗,主盛處賢而自予雄也[(6)]。故盛必失而雄必敗。夫上既主盛處賢,以操士民,國家煩亂,萬民心怨[(7)],此其必亡也。猶自萬仞之山播而入深淵,其死而不振也必[(8)]。故曰"毋邇其求,而遠其憂,高爲其居,危顛莫之救也"。

【注释】

(1) 蓄慎:保持谨慎(赵守正说)。张佩纶以为当作"审慎"。前文有"蓄道"辞例。

(2) 言上之败,常贪于金玉马女而吝爱于粟米货财也:"吝",贪齐。贪爱于金玉马女粟米货财者必败，此即〈枢言〉所谓“蓄藏积陈朽腐而不以与人者殆”。

(3) 怼怨：怨恨。

(4) 迩其乐立优美，而外淫于驰骋田猎，内纵于美色淫声：“立”字或说作“工”（金廷桂说）、或说作“私”（姚永概说）、或说作“女”（郭沫若说），均非也。许维遹断句为“迩其乐，立优美”，训“立”为“置”（《吕氏春秋·荡兵》注“立，置也”，设置），得之。然许氏从张佩纶说以为“优美”当作“优笑”则非。“优”谓娼优，即下文之“淫声”；“美”即下文之“美色”。“外淫于驰骋田猎”即“迩其乐”（嬉乐），“内纵于美色淫声”即“立优美”。

(5) 解怠惰失：即“懈怠惰佚”（安井衡说）。

(6) 主盛处贤而自予雄也：“主盛”即持盛、矜盛。“处贤”，以贤圣自居。“自予雄”，谓自许为雄（尹注：“予，许也”）。

(7) 心怨：当作“怼怨”（王引之说）。

(8) 犹自万仞之山播而入深渊，其死而不可振也必：“播”，摇荡。“振”，救。戴望云“朱本‘必’下有‘矣’字”。

解·十一

“可淺可深，可沉可浮[1]，可曲可直，可言可默。”此言指意要功之謂也[2]。“天不一時，地不一利，人不一事。”是以著業不得不多端，名位不得不殊方[3]。明者察于事，故不官于物而旁通于道[4]。道也者，通乎無上，詳乎無窮，運乎諸生(5)。是故辯于一言，察于一治，攻于一事者，可以曲說，而不可以廣舉(6)。聖人由此知言之不可兼也，故博爲之治而計其意(7)；知事之不可兼也，故多爲之說而況其功(8)。歲有春秋冬夏，月有上下中旬，日有朝暮，夜有昏晨，半星辰序，各有其司(9)。故曰"天不一時"。山陵岑巖(10)，淵泉閎流(11)，泉踰瀷而不盡(12)，薄承瀷而不滿(13)，高下肥磽(14)，物有所宜，故曰"地不一利"。鄉有俗，國有法，食飲不同味，衣服異采，世用器械，規矩繩准，稱量數度，品有所成(15)。故曰"人不一事"。此各事之儀(16)，其詳不可盡也。

【解释】

(1) 可沉可浮：当从经文作"可浮可沉"，"沉"与"深"叶侵部韵（王引之说）。"直"与"默"叶职部韵。

(2) 指意要功："指"读为"稽"，计也（于省吾说）。"要"同"邀"，求取。此言求得成功必须多方计意。

(3) 是以著业不得不多端，名位不得不殊方：通行本作"是以著业不得不多，人之名位不得不殊方"，据丁士涵、许维遹说改正。按：《淮南·泰族》"是以绪业不得不多端，趋行不得不殊方"，《文子·自然》"故绪业多端，趋行多方"，"多端"与"多方"正相对应。又，郭沫若以为"人之"当作"分"，属上读。

(4) 不官于物而旁通于道:"官",主掌、左右。"不官于物",言不专主于个别事物。此言明察者,不为物所左右而广通于道。

(5) 详乎无穷,运乎诸生:"详",尽、至。"运",及(《书·大禹谟》"帝德广运",孔传"运,谓所及者远")。

(6) 察于一治,攻于一事者,可以曲说,而不可以广举:"治"当从《淮南·泰族》作"辞"(孙蜀丞、许维遹说)。"攻",治。"曲说",片面之说("曲"犹"隅")。"举",包罗、概括(尹注训"广举"为"广苞")。

(7) 博为之治而计其意:"治"当作"辞"(许维遹说)。

(8) 多为之说而况其功:"多",旧误作"名",形近致误。"多为之说",与"博为之辞"相对,《淮南·要略》"故多为之辞,博为之说"与此同(丁士涵说)。"况其功",比较其功用。

(9) 半星辰序,各有其司:"半星"即"中星",二十八宿依次每月出现在天中的星叫中星。"辰序",指子、丑、寅、卯等代表十二个月的地支次序。中星依序出现天中,以司掌十二月,故曰"半星辰序",各有其司(参王念孙说)。

(10) 岑岩:小而高的山岩。

(11) 闳流:大河。又疑当作"泓流",深流(丁士涵说)。

(12) 瀷:急流(《淮南·览冥》高诱注)。

(13) 薄:读为"洦",浅水(俞樾说)。

(14) 硗:亦作"垸",土地坚硬瘠薄。

(15) 品:众多事物。

(16) 仪:通"宜",天地人之事,各有其宜,故云各事之宜。

解·十二

"可正而視",言察美惡,審別良苦[1],不可以不審。操分不雜,故政治不悔[2]。"定而履",言處其位,行其路,爲其事,則民守其職而不亂。故葆統而好終[3]。"深而迹",言明墨章書[4],道德有常,則後世人人修理而不迷[5]。故名聲不息。

【解释】

(1) 审别良苦:"审"字衍(王念孙说)。"良苦",犹言好坏。

(2) 操分不杂,故政治不悔:"不悔"即"不晦",不昏乱。此言人人持其名分而各不混杂,则政治不昏乱。

(3) 葆统而好终:"葆统",保持纲纪。"好终",言以善终。

(4) 明墨章书:"墨"谓绳墨,指法度。"章"同"明"。"书"当作"画"(王念孙说),指各种规条。

(5) 修理:当作"循理"(王念孙说)。

解·十三

"夫天地一險一易,若鼓之有椁〈桴〉,擿擋則擊"。言苟有唱之，必有和之，和之不差，因以盡天地之道。景不爲曲物直，響不爲惡聲美[1]，是以聖人明乎物之性者，必以其類來也[2]，故君子繩繩乎慎其所先[3]。

【解释】

(1) 景不为曲物直，响不为恶声美："景"，古"影"字。物曲则影曲、物直则影直，声恶则回音亦恶、声美则回音亦美；无有物曲而影直者。尹桐阳云："《类聚》十九引《尸子》：言美则响美，言恶则响恶。身长则影长，身短则影短"、《淮南·兵略》"景不为曲物直，响不为清音浊"。

(2) 是以圣人明乎物之性者，必以其类来也：尹注："恶声往，则恶响来；犹积善余庆、积恶余殃"，甚确。安井衡等据此校"性"为"往"。"类"，"同类相求"之"类"。言物之往者，其来必以其同类。"往"谓"积"，"来"谓"报"。

(3) 故君子绳绳乎慎其所先："绳绳"，戒慎的样子。"先"犹"往"。因有所积则有所报，故当慎戒其先积。

解·十四

"天地，萬物之橐也，宙合有橐天地"。天地苴萬物[1]，故曰萬物之橐。宙合之意，上通於天之上，下泉於地之下[2]，外出於四海之外，合絡天地[3]，以爲一裹，散之至於無間，不可名而山[4]，是大之無外，小之無內。故曰有橐天地。其義不傳，一典品之不極，一薄然而典品無治也[5]。多內則富，時出則當[6]；而聖人之道，貴富以當[7]。奚謂當，本乎無妄之治，運乎無方之事[8]，應變不失之謂當；變無不至，無有應當[9]，本錯不敢忿[10]。故言而名之曰宙合。

【解释】

(1) 苴：包裹。

(2) 下泉于地之下："泉"当为"臮"，古"暨"字，及也，至也（王引之说）。"上通于天之上，下及于地之下"，即〈内业〉所谓"上察于天，下极于地"、《黄帝四经·经法·名理》"建于地而溢于天"。

(3) 合络天地：包罗笼罩天地。

(4) 散之至于无间，不可名而山："散之至于无间"疑当在"外出四海之外"下。下文"大之无外"承"外出于四海之外"而说，"小之无内"承"散之至于无间"而言。"至于无间"言至于无间隙可容的微小事物中。"山"，安井衡说当从古本作"出"。按：疑"不可名而出"当作"不可名之"。"而"涉"不"而衍（"而"与"不"形近），"山"本当作"之"，后讹为"出"，"出"又讹作"山"。《仪礼》之"出"字，武威出土《仪礼》简多讹作"之"。又疑"出"

当作“言”。“不可名而言”与下文“言而名之”相对。

(5) 一典品之不极,一薄然而典品无治也:此处文句,说者均不能得其解。按:张佩纶读“治”为“始”,可从;戴望以为下句之“典品”为衍字,亦是。“一薄然”之“一”亦当涉上文之“一”而衍。此原文当作“一典品之不极,薄然而无始也”。“一”犹“其”(徐仁甫《广释词》)。“典品”,法式,法则(《国语·鲁语》注“典,法也”。《广雅·释诂》“品,式也”、《广雅·释器》“品,法也”)。“其法式不远”,即〈内业〉之“此稽不远”也。“薄”同“迫”,接近。“无始”,无有端际。此言其法则距我们并不遥远,但接近它时又像是无有端际。〈内业〉“折折乎如在于侧,忽忽乎如将不得,渺渺乎如穷无极”即此也。

(6) 多内则富,时出则当:“内”同“纳”。“纳”与“出”皆是就“宙合”(即“道”或曰“气”)而言。“时出”,即《易传》“以时发也”。此言多聚气则内心充实,以时发则应物得当。〈内业〉“敬发其充”即此“出”字之义。

(7) 贵富以当:“富”犹“气者身之充也”之“充”,谓气之充实。此言圣人之道,重视充实气并且应用得当。

(8) 奚谓当,本乎无妄之治,运乎无方之事:“妄”谓虚谬,“无妄”谓平正。“治”当作“辞”(郭沫若说)。“无方”即无常,谓多变也。此言所谓当,即指依据平正之言,应用于多变之事。〈系辞〉所谓“变动不居,上下无常,不可为典要,唯变所适”。

(9) 变无不至,无有应当:此承上文“应变”而说,故“无有应当”疑作“应无不当”。此言变化无所不至,而应物亦无所不当。

(10) 本错不敢忿:此句费解,诸家所说亦不得其要领。疑“本错”当作“平素”。《庄子·刻意》“此天地之本”,《艺文类聚》引作“此天地之平”。《易·履》“素履”,马王堆帛书作“错履”。“平”谓静,“素”谓虚。此言道之所存、气之所聚,在于虚素平静而不忿怒。虚静方能聚气得道,而气、道之“所以失之,必以喜怒欲利”,所谓“不喜不怒,平正擅匈”即此之谓(上引见〈内业〉)。又,“本”谓“心”,“错”读为“素”。“本素”,心地虚静。按:〈宙合〉末章可与〈内业〉、〈心术〉、〈白心〉参读。

〈枢言〉解释

“枢言”，即要言、格言。本篇与〈心术〉等“四篇”稍有区别，那就是它没有一个中心主题，而是博采治世名箴以论“先王之道”。它的体例与《黄帝四经·称》及《文子·符言》很接近。

本篇开篇出现三个“曰”，以开其体例，一个是“管子曰”，一个是“故曰”，一个是“枢言曰”，后不再重出。“管子曰”，当是稷下前辈之言；“故曰”，则包括前代典籍、稷下旧作及历代古训名谚；“枢言曰”，则为作者语。本篇所辑，即此三方面内容。

〈心术〉等“四篇”及〈形势〉等篇中所出现的概念论题，在本篇中均有涉及。郭沫若亦云：“细审此篇主旨，为初期道家者言，以戒满戒斗、寡欲正名为指归，而不非毁礼法与仁义圣智，与〈心术〉、〈内业〉、〈白心〉诸篇之论相近”（《管子集校》）。然郭氏认为“作者言行年六十而老吃，则颇似以长者自居。宋牼在齐稷下学宫为先辈，孟子曾尊称之为先生，荀子亦尊称之为子宋子，疑此篇即是宋牼所作”，则未必。

篇中有“诸侯假之威久而不知极已者殆”，此似指齐湣王称“东帝”事。《吕氏春秋·执一》记田骈以“无政而可以得政”说齐王而齐王不喜，《盐铁论·论儒》又记齐湣王时“诸儒谏不从，各分散”、“田骈如薛”，证之以本篇篇末“不欲为事”、“不欲为言”等，则本篇或许即为湣王时田骈所为。

一

管子曰：道之在天者，日也；其在人者，心也(1)。故曰：有氣則生，無氣則死，生者以其氣；有名則治，無名則亂，治者以其名(2)。

樞言曰(3)：愛之、利之、益之、安之(4)，四者道之出。帝王者用之，而天下治矣。帝王者，審所先所後。先民與地則治矣(5)，先貴與驕則失矣。是故先王慎貴在所先所後(6)。

人主不可以不慎貴，不可以不慎民，不可以不慎富。慎貴在舉賢，慎民在置官，慎富在務地。故人主之卑尊輕重，在此三者，不可不慎。

國有寶、有器、有用。城郭險阻蓄藏，寶也；聖智，器也；珠玉，末用也(7)。先王重其寶器而輕其末用，故能爲天下。

【解释】

(1) 道之在天者，日也；其在人者，心也：这是说日之明照天地，心之明察万物;然其照察,皆得之于道。〈内业〉:“凡物之精……上为列星……藏于胸中谓之圣人。”道即精气,精气即道;举日以表日月星辰,举心以表圣人智慧。

(2) 有气则生,无气则死,生者以其气;有名则治,无名则乱,治者以其名:〈内业〉“气乃生”、“和乃生,不和不生”即此“有气则生,无气则死”。《庄子·知北游》“人之生,气之聚也;聚则为生,散则为死”。“聚”谓“有”,“散”谓“无”。事物出现,有名称去规定它们,则有序;否则无序。此即“有名则治,无名则乱”。《黄帝四经》、〈心术上〉、〈白心〉等均有论及。

(3) 枢言:要言,格言。

(4) 爱之、利之、益之、安之:张佩纶《管子学》云:“此即〈牧民〉篇之四欲也。”民恶忧劳我佚乐之,即爱之也;民恶灭绝我生育之,即利之也(按:《仪礼·士虞礼》注:“利犹养也”);民恶贫贱我富贵之,即益之也(按:《吕氏春秋·贵当》注:“益,富也”);民恶危坠我存安之,即安之也。

(5) 先民与地则治矣:民为治之本,地为民之本,故云“先民与地”。《黄帝四经·经法·君正》云“人之本在地”。

(6) 是故先王慎贵在所先所后:此当作“是故先王慎所先所后”,“贵在”二字涉下文“慎贵在举贤”而衍(王念孙说)。

(7) 城郭险阻蓄藏,宝也;圣智,器也;珠玉,末用也:“城郭险阻”,谓各种军事设施。“蓄藏”,粮食储备,即〈牧民〉“仓廪实”、“衣食足”。“圣智”,贤人之智慧。“器”,谓成事(尹注“圣无不通，智无遗策，二者可操以成事，故曰器”）。“珠玉，末用也”及下文“轻其末用”二“末”字刘师培、郭沫若以为衍字。“珠玉”在此不指珍宝之类的奢侈品，而是指货财，其为商品交换流通之用，故云“珠玉，用也”。下文“重器轻用”（重贤知轻货财）即《黄帝四经》的“贱财而贵有知”。

二

生而不死者二(1)，立而不立〈亡〉者四(2)。喜也者，怒也者，惡也者，欲也者，天下之敗也，而賢者寶之(3)。

爲善者，非善也，故善無以爲也，故先王貴善(4)。

王主積于民，霸主積于將戰士，衰主積于貴人，亡主積于婦女、珠玉(5)，故先王慎其所積。

疾之疾之，萬物之師也；爲之爲之，萬物之時也；強之強之，萬物之指也(6)。

【解释】

(1) 生而不死者二："二"指上文"有气"、"有名"的"气"与"名"（郭沫若说）。

(2) 立而不立〈亡〉者四：此当作"立而不亡者四"。"亡"，旧误作"立"，今据丁士涵说订正。"立而不亡者四"，即指上文所云：

“爱之、利之、益之、安之，四者道之出。”立此四者则国可长治久安而不亡(引钟肇鹏《管子简释》注释)。

(3) 天下之败也，而贤者宝之：郭沫若以为“宝”当作“寡”，赵守正从郭说。按：“宝”字不误，其义犹前后文之“慎”、“贵”、“重”，《淮南·说山》“侯王宝之”，注：“宝，重也。”此言喜怒恶欲为败天下者，而贤人特重此四者。谓常能慎重对待它。

(4) 为善者，非善也，故善无以为也，故先王贵善：“故善无以为也”之“故”字，许维遹以为衍字，可从。“贵”，重视。“为善”及“无以为”两“为”字，郭沫若读为“伪”，赵守正从郭说。按：郭说非。“为善者非善也，善无以为也，故先王贵善”，是说有为于善，反而不是真正的善，因为真正的善是不可为的，所以先王对善的问题很重视。〈白心〉说圣人“去善言善事”，〈心术上〉说世俗之人“立于强，务于善”。有为于善而非善，去善言善事，忘其为善，乃是真善，老子所谓“上德无为而无以为”。

(5) 王主积于民，霸主积于将战士，衰主积于贵人，亡主积于妇女、珠玉：“将”字衍，当作“霸主积于战士”(王念孙说)。《黄帝四经·经法·六分》“霸主积甲士”与此同。“贵人”，指戚属及所宠幸之人。“亡主积于妇女、珠玉”，即《黄帝四经·经法·四度》“黄金珠玉藏积，怨之本也；女乐玩好蕃载，乱之基也”。

(6)疾之疾之，万物之师也；为之为之，万物之时也；强之强之，万物之指也：按：“疾”当相对于“时”言，故原文疑作“为之为之，万物之师也;疾之疾之,万物之时也……”。“师”,众多(《易·师彖》“师,众也”)。“指”,犹《公孙龙子》“天地一指也”之“指”,谓概念。其大意是万物众多,需勉力为之;万物随时流逝,需迅疾为之;万物概念纷杂,需博学强记。这是谚语,言有省简。

三

凡國有三制,有制人者,有爲人之所制者,有不能制人,人亦不能制者。何以知其然?德盛義尊,而不好加名於人[1];人衆兵強,而不以其國造難生患;天下有大事,而好以其國後[2];如此者,制人者也。德不盛,義不尊,而好加名於人;人不衆,兵不強,而好以其國造難生患;恃與國,幸名利;如此者,人之所制也。人進亦進,人退亦退,人勞亦勞,人佚亦佚,進退勞佚,與人相胥[3];如此者,不能制人,人亦不能制也。

【解释】

(1) 加名于人:谓把自己的名位凌驾于他人之上。老子所谓“欲上民,必以言下之”(第六十六章)。

(2) 天下有大事,而好以其国后:“大事”,指会盟、战争(《左传》

“国之大事，在祀与戎”）。老子所谓“用兵有言：吾不敢为主而为客，不敢进寸而退尺”，“主”谓“先”，指发动者；“客”谓“后”，指守御者。《吕氏春秋·季春纪》亦云“兵戎不（当作“之”或“而”，如也）起，不可以从我始”。

(3) 进退劳佚，与人相胥：“胥”读为“从”（牟庭说）。“相胥”即相从、相随。此即〈白心〉第一章“人不唱不和，天不始不随”之谓，亦庄子所谓“与物宛转”。

四

愛人甚而不能利也，憎人甚而不能害也(1)，故先王貴當貴周(2)。周者，不出於口，不見於色，一龍一蛇，一日五化，之謂周(3)。故先王不以一過二(4)，先王不獨舉，不擅功(5)。

先王不約束，不結紐。約束則解，結紐則絕。故親不在約束結紐(6)。先王不貨交，不列地(7)，以爲天下。天下不可改也，而可以鞭箠使也(8)。時也，利〈義〉也，出爲之也(9)。餘目不明，餘耳不聰，是以能繼天子之容(10)；官職亦然(11)。時者得天，義者得人。既時且義，故能得天與人。

先王不以勇猛爲邊竟，則邊竟安，邊竟安則鄰國親，鄰國親則舉當矣。

人故相憎也，人心之悍，故爲之法[(12)]。法出於禮，禮出於治。治禮，道也，萬物待治禮而後定[(13)]。

【解释】

(1) 爱人甚而不能利也，憎人甚而不能害也：爱人过甚反不能利人，憎人过甚反不能害之。此皆失其度，故下文云"贵当贵周"。〈心术上〉经文说"不怵乎好，不迫乎恶"，解文说"恶不失其理，欲不过其情"，当节之。

(2) 贵当贵周："当"，喻道，道之具现，即为准度、适当。《黄帝四经》及本书所用"当"的概念，同义。"周"谓周备。

(3) 周者，不出于口，不见于色，一龙一蛇，一日五化，之谓周：〈心术上〉"真人之言，不出于口，不见于色，四海之人，又孰知其则"，〈白心〉"不发于声名，不凝于体色，此其不可谕者也"即此"不出于口，不见于色"之意。"一龙一蛇"，谓或显现如飞龙在天，或隐晦如潜龙在渊。《庄子·山木》"一龙一蛇，与时俱化；一上一下，以和为量"义同。"一日五化"，谓朝夕明晦时间不同，随之而变("五"是虚数，指多)。总之，"周"谓周密而不着迹、随时而与变。做到了这些，便称为周备、至德之人，〈白心〉云"可以为天下周"即此。

(4) 以一过二：此盖古之谚语。尹注"以少喻多，众所惊也"。老子讲自我谦抑，反对骄夸，因而只有"一"而视之为"二"，是自我增益夸伐，名实不符，有违于道。

(5) 不独举，不擅功："独举"犹言"独裁"。先王之不独举，因为"强不能遍立，智不能尽谋"(〈心术上〉)，〈形势〉云"独王之国，劳而多祸；独国之君，卑而不威"，亦是戒王之独举。

(6) 不约束，不结纽：尹注"有束，故可得而解；有纽，故可得而绝。相亲从心生也"。〈形势〉云"乌鸟之狡，虽亲不善；不重之结，虽固必解……见与之交，几于不亲；见爱之交，几于不结"义同。"约束"、"结纽"，均言国与国间以契约结成联盟，形成党与(钟肇鹏说)。

(7) 先王不货交，不列地：此言不以赠送货财和割让土地结交与国。

(8) 天下不可改也，而可以鞭箠使也："鞭箠"即"鞭策"，马鞭，喻法之威。此言天下众生形形色色而不可改易，但可以法御之。

(9) 时也，利"义"也，出为之也："义"旧作"利"，姚永根据下文校定为"义"，许维遹等从之。"出"，或以为当作"士"，通"事"，或以为当作"诎"，通"曲"。按：疑"之"下夺"入"字。"出为之入也"即〈心术上〉"以其出为之入"，〈白心〉亦有"出入"之论。"时也，义也，出为之入也"，言参考天之时与人之义，而对所出现的事物做出恰当的应接。

(10) 余目不明，余耳不聪，是以能继天子之容：尹注"虽目视有余，不用其明；耳听有余，不用其聪"，郭沫若从尹注认为即

“言天子不多作聪明”。按:“余目”、“余耳”,谓耳目不专。《荀子·劝学篇》“目不能两视而明,耳不能两听而聪”,即此“余目不明,余耳不聪”之谓。此以喻天子当专一其事而不包揽臣下之事,即上文之“不独举”。“容”当作“睿”,形近而讹(〈洪范五行传〉“思心之不容”,注云“容当作睿”)。此言天子当专一己事而不独揽臣下之事,才能保持其睿智。

(11) 官职亦然:此承上说,言官吏职责亦复如是,宜各司其职。此与〈心术上〉论君臣分职相同。

(12) 人故相憎也,人心之悍,故为之法:“故”同“固”(郭沫若说)。人心本凶悍而相互憎恶,故需以法制之。〈内业〉主“心性本虚”说,而“喜怒欲利”侵入便转为“人固相憎”,荀子之“性恶论”便由此发展而来。

(13) 法出于礼,礼出于治,治礼,道也,万物待治礼而后定:此处三个“治”字郭沫若以为均当作“辞”,赵守正从郭说。按:“治”均当作“理”,文中有衍字、夺字,疑本当作“法出于礼,礼出于理,理出于道也;万物待理而后定”。“理”、“治”同训(《国语》注:“治,理也”),且同属之部字。“礼出于理”即〈心术上〉“礼者谓有理也”、“礼出乎理”。此言法由礼生,礼出于理,而人间万理均出于道,万物皆依其理序而定。又:“治礼,道也”,钟肇鹏以为当作“礼,治道也”(《管子简释》注释)。此说亦通。

五

凡萬物陰陽兩生而參視，先王用其參而愼所入所出(1)。以卑爲卑，卑不可得；以尊爲尊，尊不可得；桀舜是也(2)。先王之所以最重也。

得之必生，失之必死者何也，唯無(3)。得之，堯舜禹湯文武孝己，斯待以成，天下必待以生(4)。故先王重之。一日不食，比歲欠(5)；三日不食，比歲飢；五日不食，比歲荒；七日不食，無國土(6)；十日不食，無疇類；盡死矣(7)。

【解释】

(1) 凡万物阴阳两生而参视，先王用其参而慎所入所出：《老子》第五十九章有“长生久视”之语，《吕氏春秋·重己》“莫不愿长生久视”，高诱注“视，活也”。“参”同“三”，“出入”，指相互对待的两个方面。此言万物发生是遵循着由阴阳这两个相互对待的因素，相生而成第三个事物的序列，所以先王根据这合成的第三个事物的现象去慎重考察其中所包含的相互对待的两个方面。

(2) 以卑为卑，卑不可得；以尊为尊，尊不可得；桀舜是也：“卑”与“尊”为“两”，两相比较所得之“卑”或“尊”则为“参”。此言就卑论卑，卑是无法确定的；就尊论尊，尊也是无法确定的。这讨论的是事物的相对性。卑之与尊相去几何（《老子》第二十章“美之与恶，相去几何”）：它们只有在对待的关系中才能显现出来。《老子》第二章“高下相盈”即是此理。桀之卑与舜之尊都是在“相形”（比较）中区别出来的。

(3) 得之必生，失之必死者何也，唯无：“无”当作“炁”，即“气”字；“炁”形近“旡”而讹为“旡”，“旡”又写成了“无”（郭沫若说）。按：郭说可从。然“无”本身即指“道”、指“气”，不改字亦能讲通。〈内业〉说“凡道……人之所失以死，所得以生”，本篇上文又云“有气则生，无气则死”。

(4) 得之，尧舜禹汤文武孝己，斯待以成，天下必待以生：“得之”与下文“待”字意思重复，当涉上文“得之必生”而衍。“孝己”为殷高宗太子，不当列于“文武”之下，故郭沫若以为“老子”之讹，姑备一说。“斯待以成”，是说尧舜禹汤等圣人功业皆依赖“道”而得以成就。“天下”，丁士涵云“即上文所谓万物也”。按：“天下”下夺“万物”二字。《黄帝四经·道原》“万物得之以生，百事得之以成”，〈内业〉“道也者，人之所得以生，事之所得以成”，并是此意。

(5) 一日不食，比岁欠：“比”，如同，相当于。此“一日不食”、“十日不食”云云，皆喻人之失去“道”犹如断食也。

(6) 七日不食，无国土：“土”当作“士”（尹桐阳、许维遹说）。“士”与“畴类”相对，地位高于“畴类”。

(7) 十日不食,无畴类;尽死矣:“畴类”也作“寿类”、“俦类”、“噍类”,本指能饮食的动物,引申指活着的人。本文与“士”相对,当指一般百姓。本文一日、三日、五日、七日、十日,分为五等,犹古之天子、诸侯、大夫、士、庶民之五等。俞樾、许维遹以为“无畴类”与“尽死矣”意思重复,故或以为“无”字衍,或以为“尽死”衍。其实,“尽死矣”作归结,言五等人均不能幸存。

六

先王貴誠信,誠信者,天下之結也[1]。賢大夫不恃宗,至士不恃外權[2]。坦坦之利不以功,坦坦之備不爲用[3]。故存國家,定社稷,在卒謀之間耳[4]。聖人用其心,沌沌乎博而圜,豚豚乎莫得其門,紛紛乎若亂絲,遺遺乎若有從治[5]。故曰欲知者知之,欲利者利之,欲勇者勇之,欲貴者貴之。彼欲貴,我貴之,人謂我有禮;彼欲勇,我勇之,人謂我恭;彼欲利,我利之,人謂我仁;彼欲知,我知之,人謂我慜。戒之戒之,微而異之[6];動作必思之,無令人識之,卒來者必備之[7]。信之者仁也,不可欺者智也。既智且仁,是謂成人。

【解释】

(1) 诚信者,天下之结也:尹注"信诚者所以结固天下人之心也"。前文言先王不有为于约束结纽,故此云当以诚信结天下人之心。内心诚信,与道冥通,可使天下归心,即〈形势〉所谓"四方所归,心行者也"。

(2) 贤大夫不恃宗,至士不恃外权:"至"当作"室"(猪饲彦博、王念孙说)。又:何如璋、郭沫若以"至"字不误,属下读。"士不恃外权",即谋士不依靠外国的势力。谋臣借国外势力以自重,战国时极普遍,故《黄帝四经·经法》说"谋臣在外位者,其国不安"(〈六分〉)、"谋臣(外)其志"(〈亡论〉)、帛书《缪和》"群臣虚位,皆有外志"等即其证。

(3) 坦坦之利不以功,坦坦之备不为用:尹注:"坦坦,谓平平,非有超而异者,故不能立功而成用也。""利",谓工作效益。此言工作效益平平不可视为功,所具备的条件平平不可取为用。

(4) 卒谋:"卒"同"猝"。"猝谋",谓谋划果断。

(5) 圣人用其心,沌沌乎博而圜,豚豚乎莫得其门,纷纷乎若乱丝,遗遗乎若有从治:"豚豚"与"沌沌"、"豚豚"皆双声链语,谓昏然无分际貌。"遗遗",郭沫若以为当作"逡逡"或"循循",有序貌。按:"遗遗"当如"遗蛇",逶迤婉转。"若有从治",或本作"若有所从治",疑当作"若有所治"。此言圣人之用心,浑浑沌沌博大而圆转,隐隐约约不得其门经,纷然淆乱如无序之丝，逶迤婉转似可梳理。

(6) 戒之戒之，微而异之：许维遹说“微而犹靡能，而、能古今通用。言不能不与相同也”。郭沫若说“异”为“庇翼”之“翼”，并云“微而异之，言用心须戒慎，应隐微而庇翼之也，故承之以无令人识之，下文能戒乎，能敕乎，能隐而伏乎，即此意”。按：“微而异之”疑是归结上文“彼欲知，我知之”云云。“彼欲知，我知之”等，皆说顺人所欲之意，“异”则是相反、不顺之意，故当以许说为是。“微(不)而(能)”与下文“无令”相对。

(7) 卒：同“猝”。

七

賤固事貴，不肖固事賢。貴之所以能成其貴者，以其貴而事賤也(1)；賢之所以能成其賢者，以其賢而事不肖也。惡者，美之充也(2)；卑者，尊之充也；賤者，貴之充也。故先王貴之。

天以時使，地以材使，人以德使，鬼神以祥使，禽獸以力使(3)。所謂德者，先之之謂也。故德莫如先，應適莫如後(4)。

【解释】

(1) 贵之所以能成其贵者，以其贵而事贱也：此老子“贵以贱为本”、“江海之所以能为百谷王者，以其善下之”之谓。

(2) 美之充也：此言丑恶使美善充分体现出来。

(3) 天以时使，地以材使，人以德使，鬼神以祥使，禽兽以力使：“使”，行使，发挥作用。“祥”，顺。此言天以时序来发挥作用，地以资源来发挥作用，鬼神以祸福来发挥作用，禽兽以力气来发挥作用。

(4) 故德莫如先，应适莫如后：“适”读为“敌”（安井衡等说）。此言修德之事务先恐后，应敌守战则务后恐先。《老子》“用兵有言，不敢为主而为客”。本篇上文“天下有大事而好以其国后”，并是此意。

八

先王用一陰二陽者霸，盡以陽者王，以一陽二陰者削，盡以陰者亡[(1)]。量之不以多少，稱之不以輕重，度之不以短長，不審此三者，不可舉大事[(2)]。能戒乎？能敕乎[(3)]？能隱而伏乎？能而稷乎？能而麥乎？春不生而夏無得乎[(4)]？衆人之用心也，愛者憎之始也，德者怨之本也，唯賢者不然[(5)]。先王事以合交，德以合人[(6)]。二者不合則無成矣[(7)]，無親矣。

凡國之亡也，以其長者也[(8)]；人之自失也，以其所長者也。故善游者死於梁池(9),善射者死於中野(10)。

命屬於食,治屬於事(11),無善事而有善治者,自古及今,未嘗之有也。衆勝寡,疾勝徐,勇勝怯,智勝愚,善勝惡,有義勝無義,有天道勝無天道。凡此七勝者貴衆,用之終身者衆也(12)。

【解释】

(1) 先王用一阴二阳者霸,尽以阳者王,以一阳二阴者削,尽以阴者亡:"阴"谓武功杀罚,"阳"谓文德生赏。此言用一分武功二分文德者霸,全用文德者王,用一分文德二分武功者削弱,全用武功者败亡。此"尚阳"之说源于《黄帝四经》的"用二文一武者王"的"尚文"说(《经法·四度》)。但二者一谓"霸"、一谓"王",是有差别的。

(2) 量之不以多少,称之不以轻重,度之不以短长:此皆比喻法度。《黄帝四经·经法·四度》云:"尺寸之度曰小大短长,权衡之称曰轻重不爽,斗石之量曰多少有数",与此同。《经法·道法》说"称以权衡,参以天当",〈心术上〉说"法出乎权,权出乎道",即上述轻重、短长云云之内蕴。

(3) 敇:谨慎(《广雅·释诂》)。

(4) 能而稷乎,能而麦乎,春不生而夏无得乎:两个"能而"之"而"涉"能"字而衍(宋翔凤说)。此为古之谚语。言能懂得种稷得稷,种麦得麦的道理么?能懂得春不播种而夏无收获的道理么?《吕氏春秋·用民》亦云“夫种麦而得麦,种稷而得稷;用民亦有种,不审其种而祈民之用,惑莫大焉”。这里所表述的,即道家的“观积”说。

(5) 众人之用心也,爱者憎之始也,德者怨之本也,唯贤者不然:此四句并见下文,为重出之简,当删(王念孙说)。

(6) 事以合交,德以合人:“事”与“使”古通。“使”,使节。“交”谓有往来交往的邻国。此言使节用来联合邻国,德行用以聚合百姓。

(7) 二者不合则无成矣:疑“合”涉上文二“合”字而衍。“不”同“否”。“二者否”即上述二事如做不到。“二者否则无成矣”与下文“五者能而天下治矣”同一句式。

(8) 以其长者也:“长”上疑脱“所”字(安井衡说)。

(9) 梁池:有梁(桥)之池。

(10) 中野:即“野中”,田野之中。

(11) 命属于食,治属于事:“命属于食”,谓生之本在于足食。“治属于事”,谓治之本在于省事。《文子》的〈精诚〉及〈上仁〉均有“事省易治”之说。

(12) 凡此七胜者贵众,用之终身者众也:“贵众”之“众”李哲明疑为衍字,郭沫若疑“聚”字之误,释为具备。按:疑当读为“终”,下文“用之终身”即回应此“贵终”。“众”与“终”,同为章母冬部字,古同音,故常通假。《老子》第二十六章“是以君子终日行不离辎重”,帛书甲本《老子》“终”作“众”。下一

"众"字释为"多",谓获益良多。此言七胜者贵在有始有终,倘终身用此七胜则获益良多。

九

人主好佚欲,亡其身失其國者,殆(1);其德不足以懷其民者殆;明其刑而賤其士者,殆(2);諸侯假之威久而不知極已者,殆(3),身彌老不知敬其適子者,殆(4);蓄藏積陳朽腐不以與人者,殆(5)。

凡人之名三,有治也者,有恥也者,有事也者(6)。事之名有二,正之察之(7)。五者而天下治矣(8)。名正則正,名倚則亂,無名則死。故先王貴名。

【解释】

(1) 人主好佚欲,亡其身失其国者,殆:"亡"读为"忘"(安井衡等说)。"失其国",谓误其国政。

(2) 明其刑而贱其士者,殆:"明其刑",即盛其刑罚(《淮南·说林训》注"明犹盛也")。"贱",古本等均作"残"(郭沫若说),杀戮。

(3) 诸侯假之威久而不知极已者,殆:"假",谓借贷,非真给予。以战国齐事来说,"诸侯假之威",谓诸侯将"东帝"之权威借贷给齐湣王，并非真心拥戴他。“极”同“亟”，急也（郭沫若说）。“已”，除去（《诗·墓门》郑笺“已，犹去也”）。此言诸侯把权威借贷给他，时间长了他仍不能醒悟而速速除去此虚名，这是很危险的。齐湣王接受说士之建议而去东帝之号，是为“知亟已者”。

(4) 身弥老不知敬其适子者，殆：“弥”，甚。“适子”即“嫡子”，太子。已身已老而不知敬重太子，这是危险的。倘或轻易废黜太子，必致国乱，史载齐桓公擅废嫡立少而致国乱，《管子》书亦云“无擅废适子”。值得注意的是《管子》书多戒君敬重适子，而《黄帝四经》多戒君谨防“适子父”（做太子的具有了君父的权威）。

(5) 蓄藏积陈朽腐不以与人者，殆：《黄帝四经·经法·四度》亦云“黄金珠玉藏积，怨之本也；女乐玩好蕃载，乱之基也”。

(6) 凡人之名三，有治也者，有耻也者，有事也者：“耻”当作“佴”，佐助（《尔雅·释言》“佴，贰也”）。“事”，事奉，谓供奉职役（《管子·入国》注“事，谓供国之职役”）。此言人的名分有三种，有治理百姓者，有佐助治理者，有供奉职役者。

(7) 事之名有二，正之察之：“正”犹主掌。此言事之名分有二，有主事者，有监察者。

(8) 五者而天下治矣：许维遹云“者下疑夺一字”，郭沫若云“而读为能，能者善也”。按：“者”下当夺“能”字。盖本作“五者能而天下治矣”，因“能”与“而”古音义相通，抄者以为衍一字，故漏掉“能”字。“而”犹“则”。“五者能则天下治矣”正与前文(第八章)“二者否则无成矣”句法相同。此言上述五者都能做好则天下大治。

十

先王取天下,遠者以禮,近者以體(1)。體、禮者,所以取天下;遠、近者,所以殊天下之際(2)。日益之而患少者,唯忠;日損之而患多者,唯欲(3)。多忠少欲,智也,爲人臣者之廣道也。爲人臣者,非有功勞于國也,爵尊而主卑,爲人臣者之大罪也。無功勞于國而貴富者,其唯尚賢乎(4)。

衆人之用其心也,愛者憎之始也,德者怨之本也。其事親也,妻子具則孝衰矣(5);其事君也,有好業、家室富足則行衰矣;爵祿滿則忠衰矣。唯賢者不然。故先王不滿也(6)。人主操逆,人臣操順(7)。

【解释】

(1) 体:亲近(安井衡说。《礼记·学记》注:“体,亲也”)。

(2) 殊天下之际:区分天下各国的分际。

(3) 日益之而患少者唯忠,日损之而患多者唯欲:忠诚应该与日俱增而仍恐其少,欲望应该与日俱减而犹恐其多。

(4) 其唯尚贤乎:郭沫若读“唯”为“谁”。按:“其”犹“岂”(《古书虚字集释》)。“唯”即“惟”,犹“为”,是也(《经传释词》)。此言无功劳于国家而君主使之富贵者,岂是尚贤之道。

(5) 具:义犹“广置妻妾”之“置”,置办。

(6) 故先王不满也:此六字涉下文而衍(王念孙、何如璋说)。

(7) 人主操逆,人臣操顺:“逆”,谓接受臣下奏章(《周礼·太仆》注“逆,谓受下奏”)。“顺”,臣下向君主奏陈事宜(《尔雅·释诂》“顺,陈也”)。此言人主要掌握纳谏之道,人臣要掌握规谏之道。

十一

先王重榮辱,榮辱在爲。天下無私愛也,無私憎也[1];爲善者有福,爲不善者有禍[2],福禍在爲。故先王重爲[3]。

明賞不費,明刑不暴。賞罰明,則德之至者也。故先王貴明。

天道大而帝王者用,愛惡愛惡,天下可祕;愛惡重,閉必固[4]。釜鼓滿則人槩之,人滿則天槩之[5],故先王不滿也[6]。

先王之書，心之敬執也(7)，而衆人不知也。故有事，事也；無事，亦事也(8)。吾畏事不欲爲事，吾畏言不欲爲言，故行年六十而老吃也(9)。

【解释】

(1) 天下无私爱也，无私憎也："天下"当作"天地"(赵守正说)。《黄帝四经》所谓"天无私覆，地无私载"。

(2) 为善者有福，为不善者有祸：上句说"天地无私爱"，下句说"天地无私憎"。

(3) 故先王重为："重为"，是说对"为"这个问题十分关注。此"为"近似于道家之"积"。如《黄帝四经·十大经·雌雄节》"德积者昌，殃积者亡，观其所积，乃知祸福之向"。所谓"积"，在于自然中正，取信而已，而不在着迹于象，故〈白心〉云"为善乎，毋提提；为不善乎，将陷于刑。善不善，取信而止矣"。

(4) 天道大而帝王者用，爱恶爱恶，天下可秘，爱恶重，闭必固："爱恶爱恶"当作"爱爱恶恶"(郭沫若说)。谓先王效法天地无私爱、无私憎，故能爱天下人之所爱，憎天下人之所憎。"爱恶重"三字，郭沫若以为衍文。按："爱恶重"非衍文，当作"重爱恶"。"闭"当为"秘"字之注而误入正文(《太玄》注"秘，闭也")，同时又夺去一"秘"字。原文当作"天道大而帝王者用，爱爱恶恶，天下可秘；秘必固，故先王重爱恶"。"秘"，密，宁(《字书》"秘，密也"、《诗·昊天有成命》毛传："密，宁也")。

此言帝王效法天地之道，爱爱恶恶，故天下安宁；安宁必能巩固，所以先王重视爱恶之事。“先王重爱恶”与“先王重为”等文同一律。

(5) 釜鼓满则人概之，人满则天概之：戴望云：“《意林》引此二句，在上文爵禄满则忠衰矣句下。”按：《意林》当是节选本文，非本文之原貌。此“釜鼓满”云云与上文“爵禄满则忠衰”云云，所说为二事。前说德赏之节，就君主对臣下而言；此说“戒盈”之事，就君主自身而言。不可混同。“釜鼓”，古之量器。“概”，刮平釜鼓之木制器具，引申谓“平”(《荀子·宥坐篇》“盈不求概”，杨倞注“概，平斗斛之木”、《楚辞·惜誓》汉王逸注“概，平也”)。

(6) 故先王不满也：疑当作“故先王重满也”，与前文的“故先王重为”等文例相同。〈白心〉“持而满之，乃其殆也”。对盈满的关注，为道家传统，故云“故先王重满也”。

(7) 先王之书，心之敬执也：许维遹说“执犹爱也”。按：“敬执”即“敬服”，所谓心悦诚服也。

(8) 有事，事也；无事，亦事也：赵守正以为“此承上文先王之书而言，故敬事意同敬读”。按：此当启下文“不欲为言”、“不欲为事”而说，“事”犹如“为”(《韩非·解老》)。言有为固然是为，唯若执意追求无为，仍然是为。《文子·道德》“欲在于虚则不能虚”、《韩非·解老》“故以无为无思为虚者，其意常不忘虚，是制于为虚也”，即此“无事，亦事也”之注脚。

(9) 行年六十而老吃：历经六十载，衰老而口吃。《魏书·高允传》"其言呐呐不出于口，余尝呼之为文子"。此"老吃"亦谓"其言呐呐不出于口"，皆道家之风范。

〈水地〉解释

〈水地〉篇与老子哲学思想有密切联系，与精气说为连体，是稷下道家哲学的重要组成部分。

〈内业〉认“气”为万物的本原；而〈水地〉则认“水”为“万物之本原”、“诸生之宗室”。〈内业〉论气与心的关系，认为气充则心正；而〈水地〉则认为“水一则人心正”。〈内业〉认为气决定事物的生灭成败，〈水地〉认为“圣人之治于世也，其枢在水”。〈内业〉赋予气以人文意义，〈水地〉认为改良水性可转移人性。

气、水与道有密切联系。〈水地〉云：“人，水也。男女精气合而水流形”，此与〈内业〉“凡人之生也，天出其精，地出其形，合此以为人，和乃生，不和不生”相互发挥。稷下道家的气论和水论，导源于《老子》。

本篇与《吕氏春秋·尽数》可相互参看。〈尽数〉是精气与水放在一起论述。〈水地〉说“水”集于草木鸟兽如何如何，而〈尽数〉则说“气”集于树木鸟兽如何如何；〈水地〉说水质不同而人性各异，〈尽数〉也说“轻水所多秃与瘿人，重水所多尰与躄人，甘水所多好与美人，辛水所多疽与痤人，苦水所多尪与伛人”。盖〈尽数〉作于六国已亡，故只泛言轻水、重水云云而不再标出国名；而〈水地〉则作于此前，故有齐水、秦水等等之别。总之，〈尽数〉可能受了〈水地〉的影响。

〈水地〉开篇说“地者，万物之本原，诸生之根菀也”，结尾说“水者，万物之本原，诸生之宗室也”，这种水地二元论可能与《易·坤》卦的川地的演变相联系。《易》本以“川水”之卦为祖宗卦，后则演变为以“坤地”为祖宗卦；〈水地〉则是从当时认定的“地”为本原而上溯古老的水为本原的传统，其篇名“水”在“地”前就说明了这一点。

另外，本篇写五脏、五虑之生长过程与《文子·九守》有联系；其描写涸泽生庆忌与蚴一段文字与《庄子·达生》相类。

〈水地〉颂赞楚、宋之水。为何独美楚、宋之水，至今尚未见到更好的解释。是否〈水地〉篇为稷下学宫中老、庄学派所为？

一

地者，萬物之本原，諸生之根菀也[1]，美惡、賢不肖、愚俊之所生也[2]。水者，地之血氣，如筋脈之通流者也。故曰水，具材也[3]。何以知其然也？曰：夫水淖弱以清[4]，而好灑人之惡[5]，仁也；視之黑而白，精也[6]；量之不可使概，至滿而止，正也[7]；唯無不流，至平而止，義也[8]；人皆赴高，已獨赴下，卑也。卑也者，道之室，王者之器也，而水以爲都居[9]。準也者，五量之宗也[10]；素也者，五色之質也[11]；淡也者，五味之中也。是以水者萬物之準也，諸生之淡也[12]，躓非得失之質也[13]。是以無不滿，無不居也，集于天地，而藏於萬物，產於金石[14]，集於諸生[15]，故曰水神。集於草木，根得其度，華得其數，實得其量[16]。鳥獸得之，形體肥大，羽毛豐茂，文理明著。萬物莫不盡其幾，反其常者，水之內度適也[17]。

【解释】

(1) 根菀：与后文"诸生之宗室"之"宗室"义同。"根"与"宗"皆谓根本，"菀"与"室"皆指众生畜养之所。"菀"通"苑"，即养牛马林木的地方。"根苑"为植根的苑囿（钟肇鹏、孙开泰《管子简释》注）。

(2) 愚俊：愚智。

(3) 具材：材美具备（尹注）。

(4) 淖弱：双声链语，犹淖约（许维遹说），柔弱貌。

(5) 洒：洗涤。

(6) 视之黑而白，精也：尹注"视其色虽黑，乃挥扬之则白；如此者，精也"。"视之黑而白"，老子所谓"知其白守其黥"、"大白若黥"也。此言水性素白而色黑，是其精所致。

(7) 量之不可使概,至满而止,正也:“概”,刮平斗斛等的木制器具。此言量水不用以概平之,满则自止,水性正平。

(8) 唯无不流,至平而止,义也:尹注“方圆邪曲,无所不流,平则止,不可增高;如此者,义也”。

(9) 都居:“都”同“猪”(安井衡说),停聚。此谓水以卑下为停居之所。

(10) 准也者,五量之宗也:水可以平准,为五种量器之根本。五量,权、衡、规、矩、准(尹桐阳说)。

(11) 素也者,五色之质也:水性素白,为五色之本。《文子·道原》“色者,白立而五色成”即此。

(12) 万物之准,诸生之淡:“淡”读为“澹”,足也(俞樾说)。此言万物取度于水,众生取足于水。

(13) 韪非得失之质:“韪”,旧作“违”,据丁士涵说改。“韪”,是(丁士涵等说)。“质”,本。

(14) 产于金石:五行说所谓“金生水”。

(15) 集于诸生:“集”疑作“长”(李哲明说)。

(16) 根得其度,华得其数,实得其量:根之生长不滥而合其长度,花之开败合其节而不违时数,果实结成合其重量而不疯长。

(17) 万物莫不尽其几,反其常者,水之内度适也:“几”,终也(《淮南·缪称》注)。“常”犹“故”,谓始也。“内”同“纳”,含、包含。此言万物莫不尽其终而返其故者,由水所含准度适恰所致。“尽其几而反其常”即《慎子》“缴终反始”。惟“几”亦有生机之意，则“尽几反常”，谓万物充满生机而保持常态。

二

夫玉之所貴者，九德出焉[1]。夫玉溫潤以澤，仁也；鄰以理者，知也[2]；堅而不蹷，義也；廉而不劌，行也[3]；鮮而不垢，潔也；折而不撓，勇也[4]；瑕適皆見，精也[5]；茂華光澤[6]，並通而不相陵，容也[7]；叩之，其音清搏徹遠，純而不殺，辭也[8]。是以人主貴之，藏以爲寶，剖以爲符瑞，九德出焉。

【解释】

(1) 九德出焉："焉"，指示代词，那里。人主贵玉，因九德出于玉。"九德"，即下文仁、智、义、行、洁、劳、精、容、辞。言"德"而以"九"数，《系辞》亦有之，如所谓"三陈九德"。

(2) 邻以理者，知也："邻"当作"粼"，清澈（何如璋说）。"理"，有条理。"知"同"智"。

(3) 坚而不蹷，义也；廉而不刿，行也："蹷"，迫胁（《广雅·释诂三》"蹷，迫也"）。"廉"，锐利。"刿"，割伤。"行"，品行。"坚而不蹷，廉而不刿"语出《老子》"方而不割，廉而不刿"（第五十八章）。

(4) 折而不挠，勇也："挠"，屈服。

(5) 瑕适皆见，精也："瑕适"，即"瑕谪"，玉之疵(何如璋说)。《老子》第二十七章"善言无瑕谪"，二者义同。"精"，尹注如字。王念孙等以为当作"情"。

(6) 茂华：当作"英华"(王引之说)，谓玉理之美。

(7) 容：宽容，包容。

(8) 其音清搏彻远，纯而不杀，辞也："清搏"当作"清扬"(猪饲彦博、郭沫若说)。"杀"当作"殺"，杂也(许维遹说)。"辞"，治，条理(郭沫若说)。

三

人，水也。男女精氣合，而水流形(1)。三月如咀(2)。咀者何？曰五味。五味者何？曰五藏(3)。酸主脾，鹹主肺，辛主腎，苦主肝，甘主心。五藏已具，而後生肉。脾生隔(4)，肺生骨，腎生腦，肝生革(5)，心生肉。五肉已具(6)，而後發爲九竅(7)。脾發爲鼻，肝發爲目，腎發爲耳，肺發爲竅(8)。五月而成，十月而生(9)，生而目視，耳聽心慮。目之所以視(10)，非特山陵之見也，察於荒忽(11)；耳之所聽，非特雷鼓之聞也，察於淑湫(12)；心之所慮，非特知於麤麤也(13)，察於微眇。故修要之精(14)。

【解释】

(1) 男女精气合,而水流形:尹注“阴阳交感,流布成形”。《易·系辞下》“男女构精,万物化生”,则“男女”犹言阴阳。〈内业〉“凡人之生,天出其精,地出其形”,水在地中,故此云水流其形。此“流形”即《易·乾》“品物流形”之“流形”,言生命于水中流动成形。

(2) 三月如咀:“如”,而;“咀”,含五味(陶鸿庆等说)。

(3) 五藏:指下文所说脾、肺、肾、肝、心。

(4) 隔:同“膈”,胸腔与腹腔之间的组织。

(5) 革:皮肤。

(6) 五肉已具:王念孙以为“五”字衍,“而后生肉”、“肉已具”二“肉”字兼指膈髓骨肤诸生理组织。丁士涵等则以“五肉”为“五内”。

(7) 发为九窍:诸“为”字通“于”。发于九窍,言五脏之气通过九窍散发于外。

(8) 肺发为窍:当从随萧吉《五行大义》引作“肺发为口,心发为下窍”(王念孙说)。

(9) 五月而成,十月而生:“五月”当从《文子·九守》作“七月”(张佩纶说),《文子·九守》:“人受天地变化而生,一月而膏,二月而脉,三月而胚,四月而胎,五月而筋,六月而骨,七月而成形,八月而动,九月而躁,十月而生,形骸已成,五藏乃分,肝主目,肾主耳,脾主舌,肺主鼻,胆主口……”,与此说相近。

(10) 目之所以视:“以”字衍(安井衡等说)。

(11) 荒忽:幽昧微晦。

(12) 淑湫:寂静(张佩纶说)。“察于荒忽”、“察于淑湫”,言视于无形、听于无声。

(13) 麤麤:当作“麤粗”,二字义同音异(王念孙说),犹粗略,与“微眇”相对。

(14) 故修要之精:张佩纶以为此五字为古注误入正文。

四

是以水集於玉,而九德出焉;凝蹇而爲人,而九竅五慮出焉[1]。此乃其精也,精麤濁蹇,能存而不能亡者也[2]。伏闇能存能亡者,蓍龜與龍是也[3]。龜生於水,發之於火[4],於是爲萬物先[5],爲禍福正。龍生於水,被五色而游,故神。欲小則化如蠶蠋[6],欲大則藏於天下[7],欲尙則凌於雲氣[8],欲下則入於深泉。變化無日,上下無時,謂之神。龜與龍,伏闇能存而能亡者也。或世見,或世不見者[9],生蝺與慶忌[10]。故涸澤數百歲,谷之不徙,水之不絕者生慶忌。慶忌者,其狀若人,其長四寸,衣黃衣,冠黃冠,戴黃蓋[11],乘小馬,好疾馳,以其名呼之,可使千里外一日反報,此涸澤之精也。涸川之精者,生於蟡[12]。蟡者一頭而兩身,其形若蛇,其長八尺,以其名呼之,可以取龜鱉[13],此涸川水之精也。是以水之精麤濁蹇能存而不能亡者,生人與玉;伏闇能存而亡者,蓍龜與龍[14];或世見,或不見者[15],蟡與慶忌。故人皆服之,而管子則之;人皆有之,而管子以之[16]。

【解释】

(1) 凝蹇而为人,而九窍五虑出焉:"蹇",停、滞(尹注)。"五虑",五官之能,谓听、视、闻、味、思。

(2) 此乃其精也,精粗浊蹇,能存而不能亡者也:王念孙等以为此当读为一句,即"此乃其精粗浊蹇能存而不能亡者也",谓生人与玉乃水之精粗浊蹇能存而不能亡者也。"浊蹇"谓浊滞、浊钝。此言水之停聚,则生人生玉,然人与玉不能化变,故云"能存而不能亡"。

(3) 蓍龟与龙是也:"蓍"字衍(陶鸿庆、许维遹说)。

(4) 发之于火:龟甲通过以火灼钻而发挥占卜作用(尹注"谓卜者以火钻灼之")。

(5) 为万物先:"先",先知。

(6) 蠋:桑虫。

(7) 欲人则藏于天下:疑当作"函于天地"(陈奂说)。

(8) 尚:同"上"。

(9) 或世见,或世不见:言世人或可见之,或不可见之。又解,

“见”谓见用。

(10) 生蚼与庆忌：“生”字疑衍（俞樾说）。“蚼”与“庆忌”，泽之精。此与《庄子·达生》及《山海经·海内经》之“委蛇”、“延维”之神话相类（郭沫若说）。

(11) 戴黄盖：“戴”，宋本作“载”。“盖”，车盖。

(12) 涸川之精者，生于蚼：此当作“涸川之精者生蚼”。王念孙等皆以为“于”字衍。言涸川之精气聚则生蚼。

(13) 可以取龟鳖：“以”当作“使”（王念孙说）。

(14) 蓍龟与龙：“蓍”字衍（陶鸿庆说）。

(15) 或不见者：当作“或世不见者”（王念孙说）。

(16) 人皆服之，而管子则之；人皆有之，而管子以之：人皆食用水，而管子独能取以为法则；人皆拥有水，而管子独能真正利用它。“人皆服之”而不知则之，〈系辞〉所谓“百姓日用而不知也”。

五

是故具者何也[1]？水是也。萬物莫不以生[2]，唯知其託者能爲之正[3]。具者，水是也。故曰：水者何也，萬物之本原也，諸生之宗室也，美惡、賢不肖、愚俊之所產也。何以知其然也？夫齊之水，遒躁而復[4]，故其民貪麤而好勇；楚之水，淖弱而清，故其民輕票而敢[5]；越之水，濁重而洎，故其民愚疾而垢[6]；秦之水，泔㝡而稽，淤滯而雜，故其民貪戾，罔而好事[7]；齊晉之水，枯旱而運，淤滯而雜，故其民諂諛葆詐[8]，巧佞而好利；燕之水，萃下而弱，沉滯而雜，故其民愚戇而好貞，輕疾而易死[9]；宋之水，輕勁而清，故其民間易而好正[10]。是以聖人之化世也，其解在水[11]。故水一則人心正[12]，水清則民心易[13]。一則欲不污[14]，民心易則行無邪。是以聖人之治於世也，不人告也，不戶說也，其樞在水。[15]

【解释】

(1) 具：具备。此言水可具备万物。《内业》言气聚于心则心可具备万物，与此同理。

(2) 万物莫不以生：万物莫不因之而生。

(3) 唯知其托者能为之正："托"，寄托，犹言内蕴。此言唯知水之内蕴者可正万物。得道、得气者能正万物，亦与此同理。

(4) 齐之水，遒躁而复："遒"旧本作"道"，急也（据王念孙说）。"复"，盛也（张佩纶说）。

(5) 轻票而敢："轻票"旧本作"轻果"，据丁士涵说，即"轻慓"，为楚语，意即轻快敏捷。"敢"旧本作"贼"，文理不通，据郭沫若校改。

(6) 越之水浊重而洎，故其民愚疾而垢："洎"，浸渗。"疾"，恶；

"垢"当作"妒"(丁士涵等说)。

(7) 秦之水,泔冣而稽,淤滞而杂,故其民贪戾,罔而好事:"泔",淘米水,指水浑浊。"冣"即"最"字,聚。"泔冣",意为水浑浊而聚集泥沙(钟肇鹏、孙开泰《管子简释》注)。"稽",停留。"罔",虚妄。"好事"犹好功。

(8) 齐晋之水,枯旱而运,淤滞而杂,故其民谄谀葆诈:"齐晋"疑当作"叁晋"(黄钊,《"管子·水地"篇考论》,载《道家文化研究》第二辑)。"枯"当作"苦",读为"盬",盐池;"苦旱"即苦涩(许维遹等说)。"运"读为"浑"(俞樾说)。"葆",盛茂(《通欲文》、《广雅·释训》),"葆诈"犹多诈。

(9) 燕之水萃下而弱,沉滞而杂,故其民愚戆而好贞,轻疾而易死:"萃",聚。"萃下",犹趋下。"戆",刚直。"贞",正。"易死",轻死。

(10) 间易:当作"简易"(孙星衍等说)。

(11) 解:犹〈内业〉"一言之解"的"解",谓底蕴。

(12) 水一:水纯。

(13) 易:平和。

(14) 一则欲不污:"一"当作"人心正"(王念孙说)。

(15) 枢:枢要、关键。

附录：司马谈〈论六家要指〉

太史公学天官于唐都，受易于杨何，习道论于黄子。太史公仕于建元元封之间，愍学者之不达其意而师悖，乃论六家之要指曰：

易大传："天下一致而百虑，同归而殊涂。"夫阴阳、儒、墨、名、法、道德，此务为治者也。直所从言之异路，有省不省耳。尝窃观阴阳之术，大祥而众忌讳，使人拘而多所畏；然其序四时之大顺，不可失也。儒者博而寡要，劳而少功，是以其事难尽从；然其序君臣父子之礼，列夫妇长幼之别，不可易也。墨者俭而难遵，是以其事不可遍循；然其彊本节用，不可废也。法家严而少恩；然其正君臣上下之分，不可改矣。名家使人俭而善失真；然其正名实，不可不察也。道家使人精神专一，动合无形，赡足万物。其为术也，因阴阳之大顺，采儒墨之善，撮名法之要，与时迁移，应物变化，立俗施事，无所不宜，指约而易操，事少而功多。儒者则不然。以为人主天下之仪表也，主倡而臣和，主先而臣随。如此则主劳而臣逸。至于大道之要，去健羡，绌聪明，释此而任术。夫神大用则竭，形大劳则敝。形神骚动，欲与天地长久，非所闻也。

夫阴阳、四时、八位、十二度、二十四节各有教令，顺之者昌，逆之者不死则亡，未必然也，故曰“使人拘而多畏”。夫春生夏长，秋收冬藏，此天道之大经也，弗顺则无以为天下纲纪，故曰“四时之大顺，不可失也”。

夫儒者以六艺为法。六艺经传以千万数，累世不能通其学，当年不能究其礼，故曰“博而寡要，劳而少功”。若夫列君臣父子之礼，序夫妇长幼之别，虽百家弗能易也。

墨者亦尚尧舜道，言其德行曰：“堂高三尺，土阶三等，茅茨不翦，采椽不刮。食土簋，啜土刑，粝粱之食，藜藿之羹。夏日葛衣，冬日鹿裘。”其送死，桐棺三寸，举音不尽其哀。教丧礼，必以此为万民之率。使天下法若此，则尊卑无别也。夫世异时移，事业不必同，故曰“俭而难遵”。要曰彊本节用，则人给家足之道也。此墨子之所长，虽百家弗能废也。

法家不别亲疏，不殊贵贱，一断于法，则亲亲尊尊之恩绝矣。可以行一时之计，而不可长用也，故曰“严而少恩”。若尊主卑臣，明分职不得相逾越，虽百家弗能改也。

名家苛察缴绕，使人不得反其意，专决于名而失人情，故曰“使人俭而善失真”。若夫控名责实，参伍不失，此不可不察也。

道家无为，又曰无不为，其实易行，其辞难知。其术以虚无为本，以因循为用。无成势，无常形，故能究万物之情。不为物先，不为物后，故能为万物主。有法无法，因时为业；有度无度，因物与合。故曰“圣人不朽，时变是守。虚者道之常也，因者君之纲”

也。群臣并至，使各自明也。其实中其声者谓之端，实不中其声者谓之窾。窾言不听，奸乃不生，贤不肖自分，白黑乃形。在所欲用耳，何事不成。乃合大道，混混冥冥。光耀天下，复反无名。凡人所生者神也，所托者，形也。神大用则竭，形大劳则敝，形神离则死。死者不可复生，离者不可复反，故圣人重之。由是观之，神者，生之本也，形者，生之具也。不先定其神〔形〕，而曰"我有以治天下"，何由哉？

太史公既掌天官，不治民。有子曰迁。

迁生龙门，耕牧河山之阳。年十岁则诵古文。二十而南游江、淮，上会稽，探禹穴，窥九疑，浮于沅、湘；北涉汶、泗，讲业齐、鲁之都，观孔子之遗风，乡射邹、峄；戹困鄱、薛、彭城，过梁、楚以归。于是迁仕为郎中，奉使西征巴、蜀以南，南略邛、笮、昆明，还报命。

主要参考书目

一、历代管书校注

1. 尹知章　《管子注》(旧题房玄龄注)
2. 戴　望　《管子校正》(同治十二年刊本)
3. 郭沫若　《管子集校》(1956 年印本)
4. 赵守正　《管子通解》(北京经济学院出版社,1989 年)
5. 李　勉　《管子今注今译》(台湾商务印书馆出版)
6. 汤孝纯　《新译管子读本》(台北:三民书局,1995 年)
7. 钟肇鹏　《管子简释》(齐鲁书社,1997 年)

二、相关研究论注

1. 俞　樾　《诸子平议》(同治九年刊本)
2. 王念孙　《读书杂志》(道光刊本)

3. 金受申 《稷下学派之研究》(台湾商务印书馆印本,1971 年)
4. 蒙文通 《古学甄微》(巴蜀书局,1987 年)
5. 张舜徽 《周秦道论发微》(中华书局,1982 年)
6. 吴 光 《黄老之学通论》(浙江人民出版社,1985 年)
7. 刘蔚华 《稷下学史》(中国广播电视出版社,1992 年)
8. 丁原明 《黄老学论纲》(山东大学出版社,1997 年)
9. 陈丽桂 《战国时期的黄老思想》(台北:联经出版社,1997 年)
10. 胡家聪 《管子新探》(中国社会科学出版社,1995 年)
11. 胡家聪 《稷下争鸣与黄老新学》(中国社会科学出版社,1998 年)
12. 白 奚 《稷下学研究》(三联书店,1998 年)
13. 赵蔚芝 《稷下学宫资料汇编》(山东教育出版社,1987 年)
14. 张秉楠 《稷下钩沉》(上海古籍出版社,1991 年)